直前1カ月で受かる
英検®準1級の
ワークブック

KADOKAWA

Introduction

合格に向けて「正しい対策」

　本書の執筆にあたっては、英検準1級合格に向けて「正しい対策」を伝えることを常に意識していました。特に、配点の高いライティングや、漠然とした対策しかできないと言われるスピーキングに関しては、どの問題集よりも丁寧に解説することを心がけました。この問題集で、英語が得意な生徒はさらに英語力を伸ばせると思いますし、逆に苦手な生徒でも英検準1級に合格するために必要なポイントを効率よくおさえられるようになっています。

　他の級は合格したものの準1級はなかなか合格できないという声もありますが、きちんと対策すれば必ず合格につながります。毎日コツコツ頑張っていきましょう！

この問題集にはいろいろなこだわりが詰まっていますが、ライティングやスピーキングの解答例には特にこだわりました。英検準1級の受験生が実際に書くことができる、話すことができる解答を載せています。「模範解答が難しすぎて自分では書けない、話せない」という状態をできる限りゼロに近づけたいと思っています。

　試験当日にこの問題集を「お守り」代わりに持っていけるくらい使い込んでもらえたらうれしいです。Good luck！

Contents

Introduction 2

本書の特長と使い方 6

音声ダウンロードについて 7

英検準1級の問題について 8

英検®について 10

Chapter 1 書 Writing

Theme 1 英作文の書き方をおさえよう！ 12
●ポイント解説／●トレーニング問題

Chapter 2 話 Speaking

Theme 2 面接の全体の流れをおさえよう！ 42
●ポイント解説

Theme 3 ナレーション問題と質疑応答問題（No. 1）
をおさえよう！ 45
●ポイント解説／●トレーニング問題

Theme 4 質疑応答問題（No. 2〜4）をおさえよう！
.... 52
●ポイント解説／●トレーニング問題

Theme 5 面接1回分の問題に挑戦！ 59

Chapter 3 聞 Listening

Theme 6 会話の内容一致選択問題をおさえよう！
.... 66
●ポイント解説／●トレーニング問題

Theme 7 文の内容一致選択問題をおさえよう！
.... 84
●ポイント解説／●トレーニング問題

Theme 8 **Real-life**形式の内容一致選択問題を
おさえよう！ 108
●ポイント解説／●トレーニング問題

Chapter 4 読 Reading

Theme 9 短文の語句空所補充問題をおさえよう！
.... 120
●ポイント解説／●トレーニング問題

Theme 10 長文の語句空所補充問題をおさえよう！
.... 126
●ポイント解説／●トレーニング問題

Theme 11 長文の内容一致選択問題をおさえよう！
.... 136
●ポイント解説／●トレーニング問題

本書の特長と使い方

本書では英検準1級で実際に使用された過去問題を4つの技能すべてにわたって丁寧に解説しています。一問一問を丁寧に解くことで受検の直前1カ月に取り組んでも間に合う内容になっています。早速今日から取り組んでみましょう。

ポイント解説

大問ごとに出題と解き方の **Point** を提示。**Point** を知ることで、効率よく攻略できます。

ポイントを理解したあとは実際の問題で演習しましょう。リスニングとスピーキングには音声も付いています。ネイティブスピーカーによる本番さながらの音声で、聞く力も鍛えられます。

トレーニング問題

実際の過去問題から精選された問題を使って演習しましょう。

問題形式に慣れるだけでなく、語彙力等、総合的な英語力が身につきます。

音声ダウンロードについて

- リスニングおよびスピーキングの音声ファイルは、以下からダウンロードして聴くことができます。
  https://www.kadokawa.co.jp/product/321808000393
  ID eikenworkbook　**パスワード** jun-1-kyu
- ダウンロードはパソコンからのみとなります。携帯電話・スマートフォンからはダウンロードできません。
- 音声はmp3形式で保存されています。お聴きいただくにはmp3ファイルを再生できる環境が必要です。
- ダウンロードページへのアクセスがうまくいかない場合は、お使いのブラウザが最新であるかどうかをご確認ください。また、ダウンロードする前にパソコンに十分な空き容量があることをご確認ください。
- フォルダは圧縮されていますので、解凍したうえでご利用ください。
- 音声はパソコンでの再生を推奨します。一部ポータブルプレイヤーにデータを転送できない場合もございます。あらかじめご了承ください。
- なお、本サービスは予告なく終了する場合がございます。あらかじめご了承ください。

英検準1級の問題について

○英検準1級は大学中級程度の内容が問われます。CEFRではB1〜B2レベル（B1、B2：自立した言語使用者）に該当します。

○問題に取り組む前に、準1級で問われる内容をおさえておきましょう。

一次試験

技　能	出題内容	問題数	解答形式	試験時間
リーディング	**短文の語句空所補充** 短い英文や2人の会話文の空所に入る適切な語句を、文脈に応じて選ぶ問題。	25問	●4つの選択肢から選ぶ形式	90分
	長文の語句空所補充 パッセージ中の空所に入るのに適切な語句を選ぶ問題。	6問		
	長文の内容一致選択 説明文などのパッセージの内容に関する質問に対して適切な選択肢を選ぶ問題。	10問		
ライティング	**英作文** 与えられたトピックに対して意見とその理由などを英文で記述する問題。	1問	●記述式	
リスニング	**会話の内容一致選択** 2人の会話を聞き、その内容に合う最も適切な選択肢を選ぶ問題。	12問	●4つの選択肢から選ぶ形式、放送回数は1回	約30分
	文の内容一致選択 パッセージを聞き、その内容に関する質問に対する答えとして最も適切な選択肢を選ぶ問題。	12問		
	Real-Life形式の内容一致選択 問題用紙に記載された、日常生活に即した状況設定文と質問文を読み、パッセージを聞いて内容に関する質問への答えとして最も適切な選択肢を選ぶ問題。	5問		

二次試験

技　能	出題内容	問題数	解答形式	試験時間
スピーキング	**自由会話** 面接官と簡単な日常会話を行う。	ー	●個人面接 ●面接委員に対して 　答える形式	約**8**分
	ナレーション 4コマイラストの内容・展開を説明する問題。	**1**問		
	受験者自身の意見を問う質問 イラストに関連した質問に答える問題。	**1**問		
	受験者自身の意見を問う質問 カードに書かれたトピックに関連した事柄についての質問に答える問題。	**2**問		
	受験者自身の意見を問う質問 カードに書かれたトピックにやや関連した、社会的な事柄についての質問に答える問題。	**1**問		

※こちらは2020年8月時点の情報です。最新情報は、日本英語検定協会のウェブサイト（http://www.eiken.or.jp/）でご確認ください。

※英検2020 1 day S-CBTについて、問題形式や難易度は従来型の英検と同じですが、回答形式のみ異なります。コンピュータを用いて実施され、スピーキングテストは解答を録音する形式、リーディング・リスニング・ライティングについては解答用紙にマーク、記述する形式となります。

英検® について

試験日程

	一次試験	二次試験
第1回	6月	8月
第2回	10月	11月
第3回	1月	2月

※申し込み締め切りは一次試験のおよそ1カ月前です。実施月は年度により多少ずれることがあります。

申し込み方法

個人申し込みの場合

1. インターネット申し込み
   日本英語検定協会ウェブサイトから申し込みが可能です。
2. コンビニ申し込み
   コンビニ店頭の端末機から申し込みが可能です。
3. 特約書店申し込み
   願書付きのパンフレットを配布している書店で申し込みが可能です。

団体申し込みの場合

学校や塾などで団体申し込みをする場合が多いので、学校や塾の先生にお問い合わせください。

検定料

	1級	準1級	2級	準2級
価格	10,300円	8,400円	7,400円	6,900円

※いずれも本会場での検定料となります。

※このページの内容は2020年8月時点のものです。変更される場合もありますので、受験の際は日本英語検定協会のウェブサイト（http://www.eiken.or.jp/）で最新の情報をご確認ください。

※英検2020 1 day S-CBTでは、申し込みはインターネットからのみとなります。検定料・試験日程は従来型の英検とは異なりますので、必ず公式ウェブサイトでご確認ください。

Writing

- ポイント解説
- トレーニング問題

Theme 1 ●ポイント解説 英作文の書き方をおさえよう！

Point① 準1級の英作文はどんな問題？

○TOPICに対して自分の意見とその理由を120〜150語で書く問題。
○問題数：1問
○問題用紙に記載されたPOINTSの中から2つ選び、解答に含める必要があります。

Point② 準1級の英作文の攻略方法とは？

○設問を理解し、構成を固める

　準1級の英作文では、書き始める前に、設問・TOPICで求められていることを理解することが大事です。次に、それを基に構成を固めましょう。2級よりも書く分量が多いため、この時点で構成を固めておかないと、まとまりのない文章になったり字数が足りなくなってしまったりし、取り返しのつかないことになります。

構成を固める際には以下のような流れを利用するとよいでしょう。

> **Key**
>
> 準1級の英作文の構成の型
>
> 第1段落：**introduction**
> 第2段落：**main body 1**
> 第3段落：**main body 2**
> 第4段落：**conclusion**

introductionとconclusionに1段落ずつ、main bodyには2つの段落を充てます。main bodyを2段落構成とする理由は、記載されたPOINTSから選んだ2項目に1段落ずつを対応させるためです。その際、それぞれの段落の連続性がとても大切になってきます。
では、各段落をどのように書き、どうつなげていくべきかを、例題に答える形で見ていきましょう。

【 例 題 】

● *Write an essay on the given TOPIC.*
● *Use TWO of the POINTS below to support your answer.*
● *Structure: introduction, main body, and conclusion*
● *Suggested length: 120–150 words*

TOPIC
Should Japan do more to protect its historic sites?

POINTS
● *Cost*　　　● *Development*
● *Education*　● *Tourism*

（2018年度第2回）

先ほどの「準1級の英作文の構成の型」を使って、各段落で表現したい内容を考えていきましょう。

> 賛成の立場の場合

第1段落：introduction / 意見の表明

第1段落のintroductionでは、与えられたTOPICに関して自分の意見を述べます。英検準1級の英作文では、与えられたTOPICに対してYesかNo、もしくはAgreeかDisagreeで答えることが問われる場合が多いです。今回のTOPICは、

Should Japan do more to protect its historic sites?
（日本は史跡を守るためにもっと多くのことをすべきか）

ですから、introductionでは「すべき（Yes / Agree）」または「すべきでない（No / Disagree）」のどちらかの意見を述べましょう。**必ずどちらか一方の立場について述べる**ことがポイントです。「ある部分は賛成だけど、ある部分では反対」と始めてしまうと、指定された120～150語で説得力のある英文を書くことは難しく、主張もぼやけてしまいます。

シンプルで説得力があり、採点者が読みやすい英作文にするためにも、introductionではYesかNo（AgreeかDisagree）のどちらか一方の立場で書きましょう。

その上で、

> 賛成の場合は **I think that ～.**
> 反対の場合は **I don't think that ～.**

を使います。ここではまず賛成の立場で書き進めていきます。

I think that Japan should do more to protect its historic sites.

I think thatの直後には**TOPICの英文をそのまま借りてきて付け足せばOK**です。これで自分の立場を表明する英文は完成ですが、**この後、main bodyに続ける英文を付け足します。**その英文が、

I have two reasons to support my opinion.

になります。introductionの段落で「理由が2つある」と述べることで、採点者は次の展開がわかりやすくなります。この**I have two reasons ～.** は定型文として覚えてしまいましょう。

これで、第1段落のintroductionは完成です。

> **I think that Japan should do more to protect its historic sites. I have two reasons to support my opinion.**

第2段落：main body 1 / 理由＋α

第2段落では、第1段落で述べた主張をサポートする2つの理由のうちの1つを書きます。理由は、与えられたPOINTSを利用します。

この段落を構成する英文の目安は3～4文程度です。**第2段落の1文目はその段落の「トピックセンテンス」**と呼ばれます。トピックセンテンスはその段落の内容を抽象的にまとめた英文です。段落内は「抽象的な内容から具体的な内容」へと展開させていくことが大切です。

では、POINTSで与えられているEducationという観点から第2段落を実際に書いてみますが、いきなり英文を書き始めるのではなく、**段落内の英文の展開を考えることから始めます。**その際は、箇条書き程度でよいので、論理的な流れになっているかを確認しながら考えましょう。今回は下記のような流れで書いてみます。

（日本が史跡を守るためにもっと多くのことをすべきなのは）

⬇

① （まず、）史跡は教育上大事だから　←　トピックセンテンス

⬇

② （実際）中高生は修学旅行でそういう場所を訪れる　←　トピックセンテンスに対する具体例

⬇

③ （彼らは）この経験から日本の歴史を学ぶ　←　具体例をより掘り下げた内容

⬇

④ （その結果）彼らの視野が広がる　←　具体例から発展させた内容

いかがですか。「とてもシンプル」ですよね。いろいろと書きたいことは出てくると思うのですが、120〜150語ではあまり多くのことは書けません。**大切なことはnarrow down the focus（焦点を絞る）こと**です。書くべき内容を限定して、シンプルな英文を論理的につなげていく方が高得点につながります。では、上記の内容を英語にしましょう。

① （まず、）史跡は教育上大事だから（➡教育に関して、史跡は重要な役割を演じるから）

First, in terms of education, historic sites play very important roles.

② （実際）中高生は修学旅行でそういう場所を訪れる

In fact, many junior high and high school students visit such sites on school trips.

③ （彼らは）この経験から日本の歴史を学ぶ

Through this experience, they can learn more about Japanese history.

④ （その結果）彼らの視野が広がる

As a result, they can expand their horizons.

これらをすべてつなげていくと、

> **First, in terms of education, historic sites play very important roles. In fact, many junior high and high school students visit such sites on school trips. Through this experience, they can learn more about Japanese history. As a result, they can expand their horizons.**

となります。第２段落は意見に対する理由の１つ目なので、出だしは**First,**で始めましょう。
段落内の英文に連続性・一貫性を持たせるためには、英文の流れを示すディスコースマーカー（In fact ／ As a result ／ For exampleなど）や、代名詞（this ／ that ／ such）などを使います。
その視点から今回の第２段落を再度見てみます。

First, in terms of education, historic sites play very important roles. In fact, many junior high and

In factの直後は前文の内容を具体的に補足

high school students visit such sites on school trips. Through this experience, they can learn

前文の内容を指している

more about Japanese history. **As a result,** they can expand their horizons.

前文の内容を受けて、「その結果〜」と話を展開させている

第3段落：main body 2 ／ 理由＋α

第3段落は、第2段落と同じ流れで書きます。
ここではPOINTSのTourismを使って書いてみましょう。まずは段落の流れを考えます。

①歴史的な場所は多くの外国人旅行客を引き付ける　←　トピックセンテンス

⬇

②今、日本の伝統文化に興味を持つ外国人が増えている　←　トピックセンテンスに対する具体例

⬇

③彼らは日本の古い建物、特にお寺や神社が好き　←　具体例をより掘り下げた内容

⬇

④日本に旅行で来ると（歴史的な建造物を見るだけでなく）お土産も買うので、日本の経済の活性化にもつながる

具体例から発展させた内容

では、それぞれの英文を書いてみましょう。

①歴史的な場所は多くの外国人旅行客を引き付ける

「歴史的な場所」というのは前の段落からも続く内容ですので、**再度historic sitesと書くのではなく、such sites**とします。

such sites will attract many tourists from other countries

tourists from other countries の部分はforeign touristsとしてもよいです。

②今、日本の伝統文化に興味を持つ外国人が増えている

Now, the number of foreign people who are interested in traditional Japanese culture is increasing.

「〜が増えている」は便利な表現ですが、「〜の数が増えている」ということなので、必ず<u>the number</u> of 〜 is increasingとしましょう。また、冒頭のNowはもう少し難度の高いcurrentlyを使ってもよいですね。

③彼らは日本の古い建物、特にお寺や神社が好き

They love old Japanese buildings, particularly temples or shrines.

④日本に旅行で来ると（歴史的な建造物を見るだけでなく）お土産も買うので、
日本の経済の活性化にもつながる

「**Aだけでなく、Bも（not only A, but also B）**」を使って書きます。
　<u>Aの部分</u>には see such historical architecture（そのような歴史的建造物を見る）
　　＊such historical architectureとは直前のold Japanese buildings, temples or shrinesを受けています。
　<u>Bの部分</u>には buy many souvenirs（多くのお土産を買う）を入れて、

15

they not only see such historical architecture but also buy many souvenirs

と書きます。さらに、このことが日本の経済を活性化する（刺激を与える）ので、**, which** を使い、

they not only see such historical architecture, but also buy many souvenirs, which will stimulate the Japanese economy

とします。**, which** は、前文の内容を受けて話を展開させていくときに使えるとても便利な表現ですので、ぜひ使いこなしてください。

第3段落の最終文には「彼らが日本に来ると（When they come to Japan）」という内容を冒頭に加え、

When they come to Japan, they not only see such historical architecture, but also buy many souvenirs, which will stimulate the Japanese economy.

で完成としましょう。stimulateのほかに **contribute to ～（～に貢献する）** を使ってもよいですね。ここまでで第3段落が完成ですので、すべてをつなげましょう。

第3段落は主張に対する理由の2つ目ですので、**Second,** で始めます。

> suchを用いることで、前文との連続性を高めています。
>
> Second, such sites will attract many tourists from other countries. Now, the number of foreign people who are interested in traditional Japanese culture is increasing. They love old Japanese buildings, particularly temples or shrines. When they come to Japan, they not only see such historical architecture, but also buy many souvenirs, which will stimulate the Japanese economy.

第4段落：conclusion

conclusionは原則的に第1段落のintroductionで述べた、

I think that Japan should do more to protect its historic sites.

という意見と同じ内容を別の表現で書きます。同じ内容を別の表現で表すことを「パラフレーズ」と言いますが、第1段落のintroductionの内容と第4段落のconclusionの内容は必ずパラフレーズさせましょう。パラフレーズする際のコツは主語を変えてしまうことです。

今回はI think that ～のthat節の中の主語を、JapanからJapanese historic sitesに変えて、

I think that Japanese historic sites should be better preserved.
（日本の歴史的な場所はよりよく保存されるべきであると思う）

とします。これで意見のパラフレーズは完成ですが、この英文を最終段落に置くだけでは、その前の段落とのつながりがあまりよくありません。第4段落のconclusionは前の段落との連結を高めるために、冒頭に

Considering the reasons mentioned above / **Given the reasons mentioned above**

のように「上で述べた理由を考慮すると」という表現を入れるとよいでしょう。consideringもgivenも「～を考慮すると」という意味です。従って、conclusionは

> **Considering the reasons mentioned above, I think that Japanese historic sites should be better preserved.**

となります。

では最後に、introductionからconclusionまでをつなげた英文を確認しましょう。

> 【 解答例 】
>
> I think that Japan should do more to protect its historic sites. I have two reasons to support my opinion.
>
> First, in terms of education, historic sites play very important roles. In fact, many junior high and high school students visit such sites on school trips. Through this experience, they can learn more about Japanese history. As a result, they can expand their horizons.
>
> Second, such sites will attract many tourists from other countries. Now, the number of foreign people who are interested in traditional Japanese culture is increasing. They love old Japanese buildings, particularly temples or shrines. When they come to Japan, they not only see such historical architecture, but also buy many souvenirs, which will stimulate the Japanese economy.
>
> Considering the reasons mentioned above, I think that Japanese historic sites should be better preserved. (136 words)

日本語訳

　私は、日本はその歴史的な場所を守るためにもっと多くのことをすべきであると思います。私には、この意見を支持する理由が2つあります。

　まず、教育の観点から、歴史的な場所はとても重要な役割を演じます。実際、多くの中学生や高校生が修学旅行でそのような場所を訪れます。この経験を通して、彼らは日本の歴史についてより多くのことを学ぶことができます。結果として、彼らは自身の視野を広げることができます。

　次に、そのような場所は他の国からの多くの観光客を魅了します。今、日本の伝統文化に興味を持つ外国人の数が増えています。彼らは、特にお寺や神社のような、日本の古い建物が大好きです。彼らが日本に来ると、そのような歴史的建造物を見るだけではなく、たくさんのお土産も買っていき、それは日本の経済を活性化させるでしょう。

　上で述べた理由を考慮すると、私は日本の歴史的な場所はよりよく保護されるべきであると思います。

反対の立場の場合

では次に、同じTOPICについて、逆の立場で書いてみましょう。

第1段落：introduction ／ 意見の表明

まずは同様に、introductionから書きます。introductionには意見と定型文を必ず入れましょう。今回は反対の立場で書くので、I don't thinkで書き始めます。I don't thinkの後にはトピックの英文をそのまま付け足せばよいので、

　I don't think that Japan should do more to protect its historic sites.

となります。この文に「理由が2つある（I have two reasons to support my opinion.）」という定型文をつなげます。

> **I don't think that Japan should do more to protect its historic sites. I have two reasons to support my opinion.**

第2段落：main body 1 / 理由＋α

次に、introductionで述べた意見をサポートする理由を述べます。この段落は**抽象的な内容から具体的な内容へと話を展開**させます。特に1文目の「トピックセンテンス」には、段落全体の内容を表すような英文を書きましょう。
第2段落のmain body 1はPOINTSにあるCostを使って書いてみます。

> ① (まず、) 歴史的な場所を守ることは費用がかかる
>
> ②日本の経済状況を考えると、歴史的な場所の保護にさらなるお金を無駄づかいすべきではない
>
> ③その代わりに、貧しい人や、社会福祉を改善することにお金を使うべき

という3文の展開にします。

①まず、歴史的な場所を守ることは費用がかかる
　First, protecting historic sites costs a lot.

②日本の経済状況を考えると、歴史的な場所の保護にさらなるお金を無駄づかいすべきではない
「〜を考えると」はconsidering 〜を使い、
　Considering the present Japanese economic situation,（現在の日本の経済状況を考えると）

としましょう。この表現に続けるのは、「さらなるお金を無駄づかいすべきではない」という内容になるので、extra moneyを主語にします。
　extra money shouldn't be wasted on protecting them

③その代わりに、貧しい人や、社会福祉を改善することにお金を使うべき
　②の内容をさらに掘り下げ、「歴史的な場所の保護ではなく、何にお金をかけるべきか」を述べていきます。したがって、ここでは、「(歴史的な保護の) 代わりに、貧しい方の支援や社会福祉の改善にお金をかけるべきだ」とします。

> 「〜の代わりに」はinstead
> 「貧しい人の支援」はsupporting the poor
> 「社会福祉の改善」はimproving social welfare

という表現を使いましょう。
また、主語はthe Japanese governmentで始めると書きやすくなります。これらを組み合わせると、

　Instead, the Japanese government should spend more money supporting the poor or improving social welfare.

となり、第2段落の①〜③をすべてつなげるとこうなります。

> **First, protecting historic sites costs a lot. Considering the present Japanese economic situation, extra money shouldn't be wasted on protecting them. Instead, the Japanese government should spend more money supporting the poor or improving social welfare.**

第3段落：main body 2 / 理由＋α

この段落はPOINTSにあるDevelopmentを使い、下記のように展開します。

> ①（次に、）日本は歴史的な場所の保護よりも発展・開発（development）により集中すべき
> ⇩
> ②（というのも）日本はAIや自動運転車の開発で他国よりも遅れているから
> ⇩
> ③（それゆえ）日本の政府は科学技術の発展を加速させることにお金を使うべき

①（次に、）日本は歴史的な場所の保護よりも発展・開発（development）により集中すべき

Second, Japan should focus more on its development rather than on the protection of historic sites.

「〜に集中すべき」はshould focus on 〜を使い、比較級とrather thanを使って「歴史的な場所の保護（the protection of historic sites）」と「発展（development）」を比べています。

②（というのも）日本はAIや自動運転車の開発で他国よりも遅れているから

②は①の内容に関連するものを続けます。ここでは①でfocus more on its development（発展・開発に集中すべき）と述べた理由について掘り下げます。「日本は他の国にAIなどの開発（development）で後れを取っている」という内容を書いてみましょう。

In fact, it is said that Japan is falling behind other countries in the development of AI and self-driving cars.

In fact（実際）を冒頭に用いることで、前文との連続性を高めています。また、**it is said that 〜**（〜と言われている）という表現によって断定を避けることができます。**It is said that 〜やIt seems that 〜（〜のようである）は断定することがふさわしくない場合に便利な表現**ですので、おさえておきましょう。「〜よりも後れを取っている」は**fall behind**です。

③（それゆえ）日本の政府は科学技術の発展を加速させることにお金を使うべき

②の内容「日本は他国に遅れをとっている」を受けて、
「それゆえ、日本の政府は科学技術の発展を加速させることにお金を使うべき」
と意見を展開させます。

Therefore, the Japanese government should put more financial resources into accelerating technological advancement.

「お金を使う」はspend more moneyでもよいですが、**この表現は既に第2段落で使われているので、ここでは表現を変え、financial resources（金融資源）という語句を使っています。**
main body 2の①〜③をつなげてみると、

> Second, Japan should focus more on its development rather than on the protection of historic sites. In fact, it is said that Japan is falling behind other countries in the development of AI and self-driving cars. Therefore, the Japanese government should put more financial resources into accelerating technological advancement.

となります。

第4段落：Conclusion

結論では、introductionで述べた意見と同じ内容を別の表現で表します。
introductionでは、

I don't think that Japan should do more to protect its historic sites.

と書きましたのでdo moreをfocus moreに、protectをpreserveに変え、さらにideaという名詞を用いて「日本が歴史的な場所の保護に集中することは良い考えではない。」と書いていきましょう。

I don't think it's a good idea for Japan to focus more on preserving its historic sites.

となります。

また、conclusionの冒頭は「〜を考慮すると」という**Considering 〜**や**Given 〜**という表現を使いますが、**considering**は第2段落main body 1で使用しているので、ここでは**given**を使って、

Given the reasons mentioned above,

という表現を付け足しましょう。従って、結論の英文は、

> **Given the reasons mentioned above, I don't think it's a good idea for Japan to focus more on preserving its historic sites.**

となります。では最後に、今回の解答例をまとめます。

> 【 解答例 】
>
> 　I don't think that Japan should do more to protect its historic sites. I have two reasons to support my opinion.
> 　First, protecting historic sites costs a lot. Considering the present Japanese economic situation, extra money shouldn't be wasted on protecting them. Instead, the Japanese government should spend more money supporting the poor or improving social welfare.
> 　Second, Japan should focus more on its development rather than on the protection of historic sites. In fact, it is said that Japan is falling behind other countries in the development of AI and self-driving cars. Therefore, the Japanese government should put more financial resources into accelerating technological advancement.
> 　Given the reasons mentioned above, I don't think it's a good idea for Japan to focus more on preserving its historic sites. (128 words)

日本語訳

　私は、日本が歴史的な場所を保護するためにもっと多くのことをすべきだとは思いません。私には、この意見を支持する2つの理由があります。
　まず、歴史的な場所を守ることには費用がかなりかかります。現在の日本の経済状況を考えると、それらの保護にさらなるお金を無駄づかいすべきではありません。その代わりに、日本の政府はより多くのお金を貧しい人の支援や社会福祉の改善に費やすべきです。
　次に、日本はその歴史的な場所の保護よりも開発に集中すべきです。実際、日本はAIや自動運転車の開発で他国に後れを取っていると言われています。それゆえ、日本の政府はより多くの財源を科学技術の発展を加速させるために注ぐべきです。
　上で述べた理由を考慮すると、私は日本が歴史的な場所の保護により集中することは良い考えとは思いません。

準1級の英作文の型は理解できましたか？
しっかりおさえて、トレーニング問題に進みましょう。

Theme 1 トレーニング問題

目標解答時間 各25分

3問のトレーニング問題にチャレンジしてみましょう。まずはmemo欄に自分で解答を書き、そのあとで解説の内容と比べてみましょう。
解説を読み終わったら、同じ目標解答時間で、もう一方の立場でも書くようにしましょう。

【 トレーニング問題 1 】

- *Write an essay on the given TOPIC.*
- *Use TWO of the POINTS below to support your answer.*
- *Structure: introduction, main body, and conclusion*
- *Suggested length: 120–150 words*

TOPIC
Agree or disagree: Japanese companies should hire more foreign workers.

POINTS
- *Aging population*
- *Costs*
- *Culture differences*
- *Globalization*

（2018年度第3回）

memo

解説

例題と同様、まずは設問とTOPICをしっかり理解することが大切です。今回のTOPICは**日本企業がもっと多くの外国人労働者を雇うべきかに対して賛成、反対の意見を述べること**です。このトピックに対してきちんと自分の意見とそれをサポートする理由を展開していきます。注意が必要なのは、「**日本政府は**外国人労働者を受け入れるべきだ」というように政府の話に転換してはいけないことです。あくまでも「日本企業が」より外国人労働者を受け入れるべきか否かについて書きましょう。

TOPICを理解した後は「ポイント解説」で説明した「型」に沿って書いていきます。もう一度、構成の型を確認しておきましょう。

Key

準1級の英作文の構成の型

第1段落：**introduction**　　　第2段落：**main body 1**
第3段落：**main body 2**　　　第4段落：**conclusion**

賛成の立場の場合

第1段落：introduction / 意見の表明

意見の表明と定型文を賛成の立場で書きます。
意見の表明はTOPICにある英文と同じ表現を使い、以下のようになります。

> I think that Japanese companies should hire more foreign workers. I have two reasons to support my opinion.

第2段落：main body 1 / 理由＋α

この段落は意見をサポートする理由を書きます。段落の内容を端的に表すトピックセンテンスから始めて、それに関連する英文を2〜3文続けます。
今回はPOINTSの1つ目にあるAging populationを使い、「日本の労働人口が高齢化していることを考慮すると、日本企業が将来の労働力を確保することが大切」という切り口で書きます。理由の1つ目なので、**First,**で始めて、

> First, considering that Japanese people who are regarded as the labor force are aging, it is extremely important for Japanese companies to find out ways to secure the labor force in the future.

considering that SVは「SがVするのを考慮すると」というとても便利な表現で、given that SVと同じ意味です。また**regard A as B**「AをBとみなす」、**secure**「〜を確保する」あたりもおさえておきたい表現です。ちなみに、後半のit is extremelyのitはto find out〜以下を指す形式主語です。
少し長いですが、この英文が第2段落のトピックセンテンスとなりますので、次はこの英文の内容を掘り下げていきます。外国人労働者は大きな助けになり、労働力不足の問題を解決する、と続けましょう。

> First, considering that Japanese people who are regarded as the labor force are aging, it is extremely important for Japanese companies to find out ways to secure the labor force in the future. <u>In this respect, foreign workers can be of great help.</u> <u>They will work in every field in the future and can solve the lack of a labor force.</u>

In this respect 以降が掘り下げた内容になりますが、**in this respect**は「この点において」という意味で、前文の内容を受けています。このように前文の内容を受けることで、前文との結びつきが強くなり、内容のより**一貫した英文になります。**

3文目は2文目の内容をさらに具体的に掘り下げています。冒頭のtheyは2文目のforeign workersを指しており、外国人労働者がいろいろな分野で活躍するだろうと述べています。

2文目の***be* of (great) help**の部分は〈**of＋抽象名詞**〉という表現で、形容詞的な意味になります。代表的なものは、

> of help = helpful
> of value = valuable
> of importance = important

で、こういった表現を使うことで英文のレベルを上げることができます。これで第2段落は完成です。

第3段落：main body 2 / 理由＋α

第3段落は意見を支持する理由の2つ目です。ここではPOINTSのCostsを用いて、「外国人労働者を雇う方がコストがかからない」という切り口で書きます。2つ目の理由なので**Second,** で書き始めます。

> **Second, generally speaking, hiring foreign workers costs less than hiring Japanese workers.**

generally speaking（一般的に言って）を使うと、内容を断定し過ぎることがなくなるのでおすすめです。このトピックセンテンスに対して、さらに説明を付け加えていきます。

> Second, generally speaking, hiring foreign workers costs less than hiring Japanese workers. This will help companies reduce expenses and increase profits. As a result, they will be able to compete against other companies in the international market.

2文目のthisは前文の内容を受けています。このように代名詞をうまく使っていくことで英文のつながりを強固なものにすることができます。

3文目の冒頭では**As a result**というディスコースマーカーを使っています。これは前文の「（外国人労働者を雇うことで）会社は支出を減らし、利益を高めることができる」ということの**結果として**、という意味です。

この英文に使用されている単語はそれほど難しいものではないですが、代名詞やディスコースマーカーを効果的に使うことで、読みやすく一貫性のある英文に仕上げることができます。

第4段落：conclusion

第1段落で述べた「意見」と同じ内容を別の表現で表します。第1段落で書いた意見は、

> I think Japanese companies should hire more foreign workers.

ですが、最終文ではこれを、

I think it is a good idea for Japanese companies to employ more foreign workers.

と言い換えます。

また、最終段落の冒頭には given these reasons mentioned above（上記の理由を考慮すると）という表現を付け、**前の段落との連続性を高めて**いきます。従って、最終段落は以下の形で完成となります。

> **Given the reasons mentioned above, I think it is a good idea for Japanese companies to employ more foreign workers.**

全文をまとめるとこうなります。

【 解答例 】

　I think that Japanese companies should hire more foreign workers. I have two reasons to support my opinion.

　First, considering that Japanese people who are regarded as the labor force are aging, it is extremely important for Japanese companies to find out ways to secure the labor force in the future. In this respect, foreign workers can be of great help. They will work in every field in the future and can solve the lack of a labor force.

　Second, generally speaking, hiring foreign workers costs less than hiring Japanese workers. This will help companies reduce expenses and increase profits. As a result, they will be able to compete against other companies in the international market.

　Given the reasons mentioned above, I think it is a good idea for Japanese companies to employ more foreign workers. (136 words)

日本語訳

　私は、日本の企業はより多くの外国人労働者を雇うべきであると思います。私には、この意見を支持する2つの理由があります。

　まず、労働力とみなされる日本人が高齢化していることを考慮すると、日本の企業にとって将来の労働力を確保する方法を見つけることは極めて重要です。この点において、外国人労働者は大きな助けとなり得ます。彼らは、将来あらゆる分野で働き、労働力不足を解決することができます。

　次に、一般的に言って、外国人労働者を雇う方が日本人労働者を雇うよりも費用がかかりません。これは、企業が支出を減らし、利益を増やすことを助けます。結果として、企業は国際的な市場で他の企業と競うことができるでしょう。

　上で述べた理由を考慮すると、私は、日本の企業がより多くの外国人労働者を雇うことは良い考えだと思います。

> ## 反対の立場の場合

次に書くのは、「日本はより多くの外国人労働者を雇うべきではない」という立場です。

第1段落：introduction / 意見の表明

I don't think もしくは **I disagree with the idea** で書き出します。

> **I disagree with the idea that Japanese companies should hire more foreign workers. I have two reasons to support my opinion.**

2文目の「理由が2つある」という英文は変わりません。

第2段落：main body 1 / 理由＋α

次に、この意見を支持する理由の1つ目を POINTS の Culture differences を使い、「外国人労働者は日本の文化に慣れるのに苦労する」という切り口で書きます。1つ目の理由なので **First,** で始めましょう。

First, due to cultural differences it is difficult for foreign workers to adjust themselves to Japanese working conditions.

この後、さらに掘り下げていきます。外国人労働者が文化的な違いゆえに日本の労働環境に適応するのが難しいことの具体例を書きます。

> **First, due to cultural differences it is difficult for foreign workers to adjust themselves to Japanese working conditions. For example, Japanese workers are less likely to say "no", and say something vague instead, even when they strongly disagree. This could result in miscommunication and may reduce the productivity of foreign workers.**

具体例ですので、**For example** を用いて「日本人は反対のときでも no とはっきり言わない」と書いています。ちなみに2文目後半の **instead** は「no と言う**代わりに**（何かあいまいなことを言う）」ということです。続く文は前文の内容を受ける This で始め、This could result in ～. 「これが～という結果になるだろう」としています。ここでは could が使われていますが、could 以外にも would や might など助動詞の過去形を用いることで、断定を避け、ニュアンスを和らげることができます。

This results in ～.（～という結果になる）　：断定しているので不自然。100％その結果になるとは言い切れないため。

⇩

This could result in ～.（～という結果になるだろう）：断定を避けているためより自然。

また、3文目後半の may reduce の may も断定を避ける役割を持っています。

第3段落：main body 2 / 理由＋α

こちらは POINTS の Costs を使って書いてみます。Costs という切り口は賛成のときにも使いましたが、視点を変えれば反対の立場でも利用できます。「外国人労働者を採用することは日本の企業にとって経済的負担だ」とします。理由の2つ目なので **Second,** で始めましょう。

26

> Second, it would be a financial burden for Japanese companies to hire more foreign workers.

itはto以下を指す形式主語で、**financial burden**は「経済的な負担」です。

この後に、外国人労働者を雇うことがなぜ経済的な負担なのかを掘り下げて説明していきます。「彼らが日本の労働環境に適応できるように訓練しなければならず、コストがかさむ」としてみましょう。

> Second, it would be a financial burden for Japanese companies to hire more foreign workers. <u>The companies may have to train foreign workers so that they can smoothly adapt to working in Japan. This expense will be greater and put a strain on the companies' budget.</u>

so that ~は「~するために」という目的を表し、その直後にある they は foreign workers を指しています。また3文目の <u>This</u> expense（この費用）とは、直前にある「外国人労働者を訓練する際の費用」ということです。**put a strain on ~**は（~を圧迫する）ということで、ここでは **companies' budget**（会社の予算）を圧迫しているということです。これで第3段落も完成です。

第4段落：conclusion

第1段落の意見と同じ内容を別の表現で述べます。冒頭は **Considering** や **Given** を用いて「上で述べた理由を考慮すると」と書きましょう。

> Considering the reasons mentioned above, I don't think it is a good idea for Japanese companies to employ more foreign workers.

【 解答例 】

I disagree with the idea that Japanese companies should hire more foreign workers. I have two reasons to support my opinion.

First, due to cultural differences it is difficult for foreign workers to adjust themselves to Japanese working conditions. For example, Japanese workers are less likely to say "no", and say something vague instead, even when they strongly disagree. This could result in miscommunication and may reduce the productivity of foreign workers.

Second, it would be a financial burden for Japanese companies to hire more foreign workers. The companies may have to train foreign workers so that they can smoothly adapt to working in Japan. This expense will be greater and put a strain on the companies' budget.

Considering the reasons mentioned above, I don't think it is a good idea for Japanese companies to employ more foreign workers. (139 words)

日本語訳

　私は日本企業がより多くの外国人労働者を雇うべきであるという考えに反対です。私には、この意見を支持する2つの理由があります。

　まず、文化の違いのために、外国人労働者は日本の労働環境に適応するのが難しいです。例えば、日本人労働者は、強く反対するときでさえ、あまりnoと言わない傾向があり、その代わりに何かあいまいなことを言います。これは意思疎通の失敗という結果になるでしょうし、外国人労働者の生産性を下げるかもしれません。

　次に、より多くの外国人労働者を雇うことは日本の企業にとって財政的な負担になるでしょう。企業は外国人労働者が日本での仕事にスムーズに適応できるように訓練しなければならないかもしれません。この費用はより大きくなり、会社の予算を圧迫するでしょう。

　上で述べた理由を考慮すると、日本の会社がより多くの外国人労働者を雇うのは良い考えだとは思いません。

vocabulary

- considering that ～「～を考慮すると＝given that」
- labor force「労働力」
- in this respect「この点において」
- expense「出費」
- vague「あいまいな」
- burden「負担」

- *be* regarded as「～とみなされる」
- secure「～を確保する」
- in every field「あらゆる分野で」
- adjust oneself to ～「～に自分を慣れさせる」
- productivity「生産性」

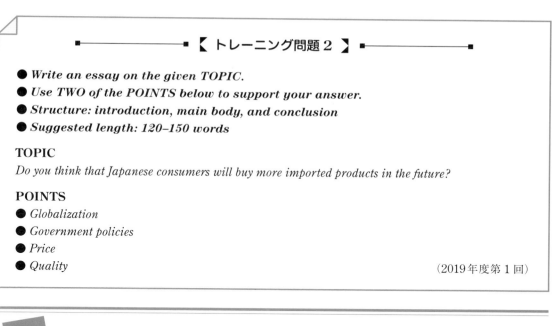

【 トレーニング問題 2 】

- *Write an essay on the given TOPIC.*
- *Use TWO of the POINTS below to support your answer.*
- *Structure: introduction, main body, and conclusion*
- *Suggested length: 120–150 words*

TOPIC
Do you think that Japanese consumers will buy more imported products in the future?

POINTS
- *Globalization*
- *Government policies*
- *Price*
- *Quality*

（2019年度第1回）

memo

解説

まずTOPICをしっかり理解しましょう。今回のTOPICは、将来日本人の消費者が輸入製品をよりたくさん買うかどうかに関して、賛成か反対かの意見を述べることです。このトピックに対してきちんと自分の意見とそれをサポートする理由を展開していきます。**注意が必要なのは、「人々はより輸入製品を買うようになるだろう」と人々全般に関する話に広げてはいけないということです。**あくまでも「日本人」が輸入製品をよりたくさん買うようになるかどうかに関して書きましょう。

賛成の立場の場合

第1段落：introduction / 意見の表明

まず第1段落から。意見の表明と定型文を書きましょう。意見の表明はTOPICにある英文と同じ表現を使い、

> I think that Japanese consumers will buy more imported products in the future. I have two reasons to support my opinion.

となります。

第2段落：main body 1 / 理由＋α

次に第2段落ですが、段落の内容を端的に表すトピックセンテンスから始めて、それに関連する英文を2～3文続けます。

今回はPOINTSの1つ目にあるGlobalizationを使って、「市場のグローバル化が原因で、ますます多くの製品が日本に輸入される」という切り口で書いていきます。理由の1つ目なので、**First,** で始めて、

First, due to the globalization of the market, more and more products are imported to Japan.

due to ～は「～が原因で」。because of ～よりも少し硬い表現ですが、便利な表現ですので覚えておきましょう。

次はこの英文に関連させて内容を掘り下げていきます。

> First, due to the globalization of the market, more and more products are imported to Japan. As a result, Japanese people have easier access to imported products. For example, even people living in rural areas have chances to buy them.

2文目の冒頭には**As a result**というディスコースマーカーを使っています。これは前文の内容「（市場のグローバル化が原因で）ますます多くの製品が日本に輸入される」ということの結果として、ということです。ディスコースマーカーを効果的に使いながら、論理的で一貫性のある文章に仕上げていきましょう。

2文目のhave easier access to ～は**have access to ～**「～を利用できる、～が手に入る」がもとになっている表現です。haveの目的語accessを比較級のeasierで修飾することによって「より簡単に手に入る」という意味になります。この部分はcan easily getと書いても問題はありませんが、準1級ではhave access toのような少しレベルの高い表現を織り交ぜていきましょう。

3文目は**For example,** で始め、前文に対する具体例を書いています。ここでは「地方に住んでいる人々でさえ、それらを買う機会がある」としています。文末のthem（それら）は2文目のimported productsを指しています。

またevenは前の文脈を受けて、evenの後ろに置かれた語句を強調しています。ここではpeople living in rural areasを強調することによって、前文の「多くの日本人が輸入製品を手に入れやすくなる」という内容の説得力を高めています。

第3段落：main body 2／理由＋α

第3段落は意見を支持する理由の2つ目です。ここではPOINTSのPriceを使って、「輸入製品は値段が安いので、日本人によって選ばれやすい」という切り口で書いてみます。2つ目の理由なのでSecond, で書き始めましょう。

> **Second, considering the lower price of imported products, they are more likely to be chosen by Japanese people.**

considering ～は「～を考慮すると」という便利な表現で、後ろには名詞が続きます。given ～と同じ意味です。considering thatやgiven thatとして文を続けることもできます。

be* likely to *doは「～するようだ」という意味で、断定的な表現を避けるときに使えるとても便利な表現です。

このトピックセンテンスに対して、次の2文を付け加えてみます。

> Second, considering the lower price of imported products, they are more likely to be chosen by Japanese people. <u>Since the Japanese economic situation is not stable, many people prefer buying cheaper products. In fact, things produced in China or Southeast Asian countries are much cheaper than those produced in Japan.</u>

2文目のsinceはbecauseとほぼ同じ意味で使うことができる単語で、理由を述べるときに使います。

since以下のthe Japanese economic situation is not stableが、直後に続くmany people prefer buying cheaper productsの理由を表しています。

3文目の冒頭のIn factは前の内容を強調したり、否定したりするときに使える表現です。今回は2文目のcheaper productsを強調し、安いアジア製品の話題を導入するという目的で使われています。

第4段落：conclusion

第4段落は、第1段落で述べた「意見」と同じ内容を別の表現で表します。第1段落で書いた意見は、

> I think that Japanese consumers will buy more imported products in the future.

ですが、最終文ではこれを、

> **I think it is natural for Japanese people to choose imported products rather than products made in Japan.**

と言い換えます。

また、最終段落の冒頭には「上で述べた理由を考慮すると（given the reasons mentioned above）」という表現を付け、前の段落との連続性を高めていきます。

> Given these reasons mentioned above, I think it is natural for Japanese people to choose imported products rather than products made in Japan.

1〜4段落をまとめたものは、以下のようになります。

【 解答例 】

I think that Japanese consumers will buy more imported products in the future. I have two reasons to support my opinion.

First, due to the globalization of the market, more and more products are imported to Japan. As a result, Japanese people have easier access to imported products. For example, even people living in rural areas have chances to buy them.

Second, considering the lower price of imported products, they are more likely to be chosen by Japanese people. Since the Japanese economic situation is not stable, many people prefer buying cheaper products. In fact, things produced in China or Southeast Asian countries are much cheaper than those produced in Japan.

Given the reasons mentioned above, I think it is natural for Japanese people to choose imported products rather than products made in Japan. (134 words)

日本語訳

　将来、日本の消費者は輸入製品をもっと買うと思います。私には、この意見を支持する2つの理由があります。

　第一に、市場のグローバル化により、ますます多くの製品が日本に輸入されています。その結果、日本人は輸入製品を簡単に手に入れることができます。例えば、地方に住む人でさえ、それらを買う機会があります。

　第二に、輸入品の低価格を考えると、それらは日本人に選ばれる可能性がより高いでしょう。日本の経済状況は安定していないので、多くの人がより安い商品を買い求めます。実際、中国や東南アジア諸国で生産されたものは、日本で生産されたものよりもはるかに安いです。

　上で述べた理由を考慮すると、日本人が日本で作られた商品よりも輸入品を選ぶのは当然だと思います。

反対の立場の場合

「日本人は将来、輸入製品を買わなくなる」という立場です。

第1段落：introduction / 意見の表明

第1段落では意見を表明します。反対の立場なので、
I don't think もしくは **I disagree with the idea that ～** で始めましょう。

> **I don't think that Japanese consumers will buy more imported products in the future. I have two reasons to support my opinion.**

第2段落：main body 1 / 理由＋α

次に、この意見を支持する理由の1つ目を示しましょう。POINTS の Government policies を使い、「政府は日本の産業を守る政策を経済を促進する手段として制定した」という切り口で書いていきます。1つ目の理由なので **First,** で始めましょう。

First, the government has established policies to protect Japanese industries as a measure to promote its economy.

32

establish「〜を制定する」、**measure**「手段」、**promote**「〜を促進する」は必ず使えるようにしておきましょう。

この後、さらに掘り下げて、政府が制定した政策の内容や、その結果などを述べていきます。

> First, the government has established policies to protect Japanese industries as a measure to promote its economy. <u>In one of the policies, the Japanese government encourages Japanese people to buy products which are produced in Japan. As a result, more Japanese consumers prefer buying things made in Japan.</u>

2文目のIn one of the policiesから始まる文では、前の内容の具体例を述べています。また、3文目はas a resultというディスコースマーカーで始まり、2文目で具体的に述べられた政策の結果として「より多くの日本人の消費者が日本で作られたものを買うことを好む」と説明されています。

第3段落：main body 2／理由＋α

POINTSのQualityを使って書いてみましょう。「日本人の消費者は製品の質が一番大切だと考える」という切り口です。理由の2つ目なのでSecond, で始めます。

　　Second, Japanese consumers consider the quality of the products to be the most important.

considerはconsider O (to be) Cの形で「OをCと考える」という意味です。今回のOはthe quality of the products、Cはthe most importantですね。
続く文では、「日本人は製品の質が一番大事だと考えている」ということを掘り下げて説明していきます。「日本の製品は質が高く、より選ばれる」としてみましょう。

> Second, Japanese consumers consider the quality of the products to be the most important. <u>Since the quality of Japanese products is usually higher than imported ones, they will be chosen more. In fact, some people who put an emphasis on quality might avoid buying things produced in a certain country.</u>

2文目のonesはproducts 〜、theyはJapanese productsを指します。3文目の**put an emphasis on〜**は「〜を重視する」という意味で、質を重要視する人々が特定の国で生産されたものを買うのを避けるかもしれない、と述べられています。ここでは推量の助動詞mightが使われており、断定をしないように工夫しています。また「質の低い外国製品」をthings produced in a certain countryと婉曲的に表現しています。
これで第3段落も完成です。

第4段落：conclusion

冒頭はConsideringやGivenを使って「〜を考慮すると」として書き始めます。

> Given the reasons mentioned above, I think it is natural for Japanese people to choose products produced domestically rather than imported products.

これで完成です。

【 解答例 】

I don't think that Japanese consumers will buy more imported products in the future. I have two reasons to support my opinion.

First, the government has established policies to protect Japanese industries as a measure to promote its economy. In one of the policies, the Japanese government encourages Japanese people to buy products which are produced in Japan. As a result, more Japanese consumers prefer buying things made in Japan.

Second, Japanese consumers consider the quality of the products to be the most important. Since the quality of Japanese products is usually higher than imported ones, they will be chosen more. In fact, some people who put an emphasis on quality might avoid buying things produced in a certain country.

Given the reasons mentioned above, I think it is natural for Japanese people to choose products produced domestically rather than imported products. (142 words)

日本語訳

将来、日本の消費者が輸入品をもっと買うことはないと思います。私には、この意見を支持する２つの理由があります。

まず、政府は、経済を促進するための手段として、日本の産業を保護するための政策を制定しています。政策のうちの１つでは、日本政府は日本で生産される製品を購入するよう日本国民に奨励しています。その結果、より多くの日本の消費者が日本製のものを買うことを好んでいます。

第二に、日本の消費者は製品の品質が最も重要であると考えています。日本製品の品質は輸入品よりも高いので、それらの方がより多く選ばれます。実際、品質を重要視する人の中には、特定の国で生産されたものを買うことを避ける人がいるかもしれません。

以上に述べた理由から、日本の人々が輸入品よりも国産品を選ぶのは当然だと思います。

vocabulary

□ **globalization**「グローバル化」

□ **stable**「安定した」

□ **measure**「手段」

□ **rural**「地方の」

□ **establish**「〜を制定する、設立する」

□ **domestically**「国内で」

【 トレーニング問題3 】

● *Write an essay on the given TOPIC.*
● *Use TWO of the POINTS below to support your answer.*
● *Structure: introduction, main body, and conclusion*
● *Suggested length: 120–150 words*

TOPIC

Agree or disagree: High school education in Japan needs to be improved.

POINTS

● *Curriculum*
● *Globalization*
● *Pressure on students*
● *Quality of teaching*

（2019年度第2回）

memo

解 説

今回は「日本の高校教育が改善される必要があるか」に対して賛成・反対の意見を述べます。**注意が必要なのは、「日本の高校教育」から論点がそれてはいけないということです**。教育全般について述べてしまわないように気をつけましょう。

賛成の立場の場合

第1段落：introduction／意見の表明

まず第1段落です。意見の表明と定型文を書きましょう。
意見の表明はTOPICにある英文と同じ表現を使います。

> **I think that high school education in Japan needs to be improved. I have two reasons to support my opinion.**

第2段落：main body 1／理由＋α

段落の内容を端的に表すトピックセンテンスから始めて、それに関連する英文を2〜3文続けます。

今回はPOINTSの2つ目にあるGlobalizationを使い、「世界が国際化しつつあることを考慮すると、日本の高校は生徒の英語を向上させるためにさらに何かを行うべき」という切り口で書きます。理由の1つ目なので**First,** で始めて、

> **First, considering that the world is becoming globalized, Japanese high schools should do more to improve their students' English, which is regarded as an international language.**

(, which) 以下は「英語が国際語としてみなされている」と説明しています。is regarded as 〜は**regard A as B**「AをBとみなす」が受け身になった形です。

このトピックセンテンスに関連させて、内容を掘り下げていきます。

> **First, considering that the world is becoming globalized, Japanese high schools should do more to improve their students' English, which is regarded as an international language. In fact, many high school students don't have a good command of English. To improve this situation, Japanese high schools should give students more chances to speak English with native English speakers.**

2文目では1文目の「日本の高校は生徒の英語を向上させるためにさらに何かを行うべき」という内容を受け、In factを使って「多くの高校生はうまく英語が使えない」とさらに説明しています。ここで使われている**have a good command of 〜**は「（言語などを）使える」という意味です。
英検準1級の英作文では簡単過ぎる表現を避け、できる限り多様な表現を使って英文のレベルを上げましょう。ここではcan useの代わりに**have a good command of 〜**を使っています。

3文目は2文目の内容を具体的に掘り下げています。To improve this situationのthis situationは2文目の「多くの高校生が英語をうまく使えない」という状況を指しています。そのような状況を改善するために「日本の高校は、生徒に英語のネイティブ・スピーカーと英語で話す機会をより多く提供すべき」と述べています。

第3段落：main body 2 / 理由＋α

ここではPOINTSのQuality of teachingを使い、「教師たちは忙し過ぎて授業の質を高く保つことができない」という切り口で書きます。2つ目の理由なのでSecond,で書き始めます。

Second, teachers are too busy to keep the quality of their teaching high.

このトピックセンテンスに対して、次の2文を付け加えます。

> **Second, teachers are too busy to keep the quality of their teaching high. They have a lot of things to do other than teaching, such as supervising club activities and talking with parents. As a result, they don't have enough time to prepare for lectures, which lowers the quality of teaching.**

2文目と3文目のtheyはどちらも1文目のteachersを指しています。この段落のトピックセンテンスではteachersに焦点を当てているので、それに続く文でも一貫してteachersに関して述べていきましょう。2文目ではsuch asを使い、授業以外で教師がすべき多くの事の具体例を挙げています。また、3文目の冒頭では、**As a result**というディスコースマーカーを使い、前文の内容をしっかりと受けています。

第4段落：conclusion

第1段落で書いた意見は、

I think that high school education in Japan needs to be improved.

ですが、最終文ではこれを、

we need to do something to improve high school education in Japan

と言い換えます。

また、最終段落の冒頭には「上で述べた理由を考慮すると（Given the reasons mentioned above）」という表現を付け、前の段落との連続性を高めていきます。従って、最終段落は以下の形で完成となります。

> **Given the reasons mentioned above, we need to do something to improve high school education in Japan.**

1～4段落をまとめたものは、以下のようになります。

> 【 解答例 】
>
> I think that high school education in Japan needs to be improved. I have two reasons to support my opinion.
> First, considering that the world is becoming globalized, Japanese high schools should do more to improve their students' English, which is regarded as an international language. In fact, many high school students don't have a good command of English. To improve this situation, Japanese high schools should give students more chances to speak English with native English speakers.
> Second, teachers are too busy to keep the quality of their teaching high. They have a lot of

things to do other than teaching, such as supervising club activities and talking with parents. As a result, they don't have enough time to prepare for lectures, which lowers the quality of teaching.

Given the reasons mentioned above, we need to do something to improve high school education in Japan. (146 words)

日本語訳

　日本の高校教育は改善される必要があると思います。私には、この意見を支持する 2 つの理由があります。

　第一に、世界がグローバル化しつつあることを考えると、日本の高校は生徒の英語をもっと上達させるべきです。英語は国際語と考えられています。実際、高校生の多くは英語がうまく使えません。この状況を改善するために、日本の高校は、英語のネイティブ・スピーカーと英語を話す機会をもっと与えるべきです。

　第二に、教師は忙し過ぎて、授業の質を高く保てません。クラブ活動の監督や親との懇談など、教えること以外にもやるべきことがたくさんあります。その結果、講義の準備に十分な時間が取れず、授業の質が低下します。

　上で述べた理由を考慮すると、日本の高校教育を改善するために何かをする必要があります。

これで賛成の立場での英文は完成ですが、英文を書くときに、POINTS によって、書きやすかったり書きにくかったりすることがあると思います。今回であれば、2 つ目の理由は Pressure on students を使って次のように書くのもよいですね。

> Second, under the current high school education, students are likely to be under huge pressure. Since they are expected to do their best in both studies and club activities, some of them are so tired and lose their health. In extreme cases, they feel depressed and cannot go to school because of stress.

日本語訳

第二に、現在の高校教育のもとでは、生徒は大きなプレッシャーを受ける可能性が高いです。彼らは勉強と部活の両方で最善を尽くすことが期待されているので、疲れて健康を損ねる人もいます。極端なケースでは、そのような人は落ち込んで、ストレスのために学校に行くことができなくなってしまいます。

反対の立場の場合

反対の立場なので、「日本の高校教育を改善する必要はない」という立場です。

第 1 段落：introduction / 意見の表明

反対の立場なので、**I don't think 〜**もしくは **I disagree with the idea that 〜**で書き始めましょう。

> I don't think that high school education in Japan needs to be improved. I have two reasons to support my opinion.

38

第2段落：main body 1 / 理由＋α

POINTSのCurriculumを使い、「日本の高校のカリキュラムは専門家によってよく考えられていて、現状に完璧に合っている」という切り口で書いていきます。

First, the curriculum of Japanese high schools is well thought by experts and matches perfectly to the present situation.

この後、日本の高校のカリキュラムが優れていることを2文目、3文目で説明していきます。

> **First, the curriculum of Japanese high schools is well thought by experts and matches perfectly to the present situation. As a result, many high school students can improve their ability under the current curriculum. Particularly, they are often better at mathematics and science than students in other countries.**

2文目は **as a result**「結果として」というディスコースマーカーで始まっており、前文の「日本の高校のカリキュラムが現状に完璧に合っている」ということの結果として起こることを述べています。3文目の冒頭 **Particularly** は「特に」というディスコースマーカーで、前の内容を強調したり、具体例を出すときに使えます。Particularly の前は「多くの生徒は現状のカリキュラムの中で能力を伸ばすことができる」と書かれており、その内容を「特に、ほかの国々の生徒よりも数学と科学においてより優れている」と具体例を挙げて強調しています。

第3段落：main body 2 / 理由＋α

POINTSの Quality of teaching を使って書いてみます。Quality of teaching という切り口は賛成の立場でも使いましたが、視点を変えて反対の立場でも利用できます。「日本の高校では授業の質が非常に高い」としてみましょう。

Second, the quality of teaching is very high in Japanese high schools.

次の文からは日本の高校の授業の質がなぜ高いかを掘り下げて説明していきます。「それは教師達が熱心で日々自己研鑽をしているからだ」とします。

> **Second, the quality of teaching is very high in Japanese high schools. Most teachers are enthusiastic about teaching and attend many workshops to improve their skills. In fact, some teachers make materials or study for themselves even on weekends.**

be enthusiastic about 〜は「〜に熱心である」、material は「教材」という意味です。

2文目では「（技術を向上させるためにたくさんのワークショップに参加するなど）ほとんどの教師が熱心である」、3文目では「週末に教材作りをしたりや自分のために勉強したりする」と、さらに具体例を挙げて説明を続けています。ポイントは2文目と3文目が、日本の高校における the quality of teaching is very high ということをしっかり説明していることです。また、この段落全体を俯瞰すると、授業の質が高い→教師が熱心である→週末にも努力している、というようにトピックセンテンスを徐々に詳しく説明しています。

第4段落：conclusion

冒頭は Considering や Given を用いて「〜を考慮すると」と書きます。

> **Given the reasons mentioned above, I think high school education in Japan leaves nothing to be desired.**

ここで使われている **leaves nothing to be desired** は、直訳すると「求められるものは何も残されていない」となりますが、**「現状で十分 / 完璧だ」**という意味の慣用句です。

これで完成ですので、最後にすべてをつなげてみましょう。

【 解答例 】

I don't think that high school education in Japan needs to be improved. I have two reasons to support my opinion.

First, the curriculum of Japanese high schools is well thought by experts and matches perfectly to the present situation. As a result, many high school students can improve their ability under the current curriculum. Particularly, they are often better at mathematics and science than students in other countries.

Second, the quality of teaching is very high in Japanese high schools. Most teachers are enthusiastic about teaching and attend many workshops to improve their skills. In fact, some teachers make materials or study for themselves even on weekends.

Given the reasons mentioned above, I think high school education in Japan leaves nothing to be desired. (125 words)

日本語訳

日本の高校教育を改善する必要はないと思います。私には、この意見を支持する2つの理由があります。

第一に、日本の高校のカリキュラムは専門家によってよく考えられており、現状に完全に合っています。その結果、多くの高校生が現在のカリキュラムの下で能力を向上させることができます。特に、他の国の生徒よりも数学と科学が優れています。

第二に、日本の高校では授業の質が非常に高いです。ほとんどの教師は教えることに熱心で、スキルを向上させるために多くのワークショップに参加しています。実際、週末でも教材を作ったり、自分のために勉強したりする教師もいます。

上で述べた理由を考慮すると、日本の高校教育は申し分がないと思います。

---

vocabulary

- **globalize**「グローバル化する」
- **supervise**「〜を監督する」
- **workshop**「ワークショップ、講習会」
- **command**「(語学などの) 運用力」
- **curriculum**「カリキュラム」

Speaking

- ポイント解説
- トレーニング問題

Theme 2

●ポイント解説

面接の全体の流れをおさえよう！

面接試験に対応

Point 面接試験で必ずおさえておきたいこと

○フルセンテンスで答える！
　主語と動詞を必ず入れて答えましょう。

○日本語は使わない！
　日本語を使ったら自動的に減点です。絶対に避けましょう。
　ただし、英語になっている日本語や、日本語の後に英語で説明を加えるのは大丈夫です。
　（例）
　　　　○ I like sushi.
　　　　× I like *okonomiyaki*.
　　　　○ I like *okonomiyaki*, a Japanese pancake.

○態度点は確実に取る！
　面接では、面接官と積極的にコミュニケーションをとろうとする態度も評価の対象になります。「無言にならないこと」や「自然な応答」「発言の聞きやすさ」が重要です。ただし、やる気を見せようと、必要以上に大声で話す必要はありません。

○聞き取れなければ聞き直そう！
　自然なタイミングなら1回聞き返しても減点されません。

> Sorry?
> Pardon?
> Can you say that again?

などの表現を使えるようにしておきましょう。長い時間考えてから聞き直すと減点されてしまうので、わからなかったら長考せず聞き直しましょう。ただし、2回聞き直すと減点されてしまいますので注意してください。

面接の流れを確認

（面接官）

　　　　Hello. May I have your card, please?

（受験者）

　　　　Here you are. 〈面接カードを渡す〉

　　　　Thank you.

My name is ...　May I have your name, please?

 My name is ...

 This is the Grade Pre-1 test, OK?

 OK.

Key

この後、What's your hobby?（趣味は何ですか）、Please tell me about yourself.（あなたのことについて教えてください）など、受験者自身に関することが問われます。採点には影響しませんので、リラックスして答えましょう。

 OK. Let's begin the test. Here's your card.

 Thank you.　〈問題カードを受け取る〉

 You have one minute to prepare before you start your narration.

 OK.　〈1分間の準備時間〉

 Please begin your narration. You have two minutes.

 〈2分間ナレーションを行う〉

 Now, I'll ask you four questions.
No. 1　Please look at the fourth picture. If you were the ..., what would you ...?

 〈質問に答える〉

 Now, Mr. / Ms. ..., please turn over the card and put it down.

OK. 〈カードを裏返して置く〉

 No. 2　Yes / No question〈Yes / Noから始めて答える質問がなされる〉

 〈質問に答える〉

 No. 3　Yes / No question〈Yes / Noから始めて答える質問がなされる〉

 〈質問に答える〉

 No. 4　Yes / No question〈Yes / Noから始めて答える質問がなされる〉

 〈質問に答える〉

 This is the end of the test. May I have the card back, please?

 Here you are.　〈問題カードを返す〉

 You may go now. Good-bye.

 Bye.　〈あいさつをして退出する〉

Memo

面接全体の配点は以下のようになっています。
- ナレーション問題：15点（内容5点、発音5点、語彙・文法5点）
- 応答問題　　　　：5点×4問
- 態度点　　　　　：3点

Theme 3 ナレーション問題と質疑応答問題(No.1)をおさえよう！

●ポイント解説

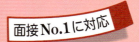

ナレーション問題

Point① 準1級のナレーション問題はどんな問題？

○カードに描かれている4コママンガの内容を説明する問題

最初に問題カードを渡されてから、1分間準備時間が与えられます。準備時間後、2分間でマンガの内容について話します。

Point② 準1級のナレーション問題の攻略方法とは？

○内容の一貫性に注意して3つ以上の節で話す。

行っている動作、思っていること、話していることを入れて**1コマに節を3つ以上入れること**を心がけましょう。また、そのうえで因果関係をしっかり考えることが大切です。『**何が原因で行動や発言をしているのか**』を**考えて描写**しましょう。

○発音とイントネーション・語彙・文法に注意する。

特に過去形・過去進行形を使って答えることを意識しましょう。

2分はかなり長い時間です。描写できることはたくさんあります。それぞれのコマには2つから3つの「描写しなければならないポイント」があります。しかし、受験者がそれを判断するのは難しいです。そのため、**登場人物たちの動作・発言・考えていることをなるべくたくさん描写**するようにしましょう。コマ中の紙やボードに書かれているものも描写しましょう。

【 例 題 】

You have **one minute** to prepare.

This is a story about a woman who wanted her son to be successful in the future.
You have **two minutes** to narrate the story.

Your story should begin with the following sentence:

（2018年度第2回A日程）

解説

（1コマ目）

One day, a woman was at a café with her mother and son. Her son was eating cake. Her mother showed her an article saying that early learning helps children become successful in their future careers. The woman looked surprised.

1コマ目は、絵の上に全体の描写文がすでに与えられています。あまり重要ではないですが、念のため息子の動作も描写しておきます。このコマで一番重要なのは**女性の母親が記事を見せていること**です。そしてこの記事の内容を少しアレンジして読みます。その記事を見て女性は驚いた様子をしています。

（2コマ目）

A few weeks later, the woman was at home talking to her husband. She had made a list of activities, and she told him that English, computers, and swimming would have a good influence on their son, and her husband agreed. Her son was enjoying playing a video game.

コマの左上に書いてある英語は読むようにしましょう。これにより、面接官（CBTの場合は採点官）は次のコマに進んだことがわかります。女性のリストに載っている項目と、話している内容を描写します。She said to her husband, "These will all be good for our son." よりも、準1級では**told him that** English, computers, and swimming would be good for their son のように間接話法で表現できるようにしましょう。そして、夫が賛同している様子もagreedで描写しましょう。この**agree**「賛同する」という動作は準1級で頻出です。

（3コマ目）

One month later, she was waiting for her son outside the ABC English school. As he ran out of it, she told him that they were late for his swimming lesson.

3コマ目は男の子が英語学校から急いで出てきている動作と、女性のセリフの描写が重要です。

（4コマ目）

On the way to XYZ swimming school, while they were riding bikes, they saw some children playing happily in the park. Her son looked sad when he saw the scene.

最後のコマは、女性と息子がスイミングスクールに向かう途中、楽しそうに遊んでいる子どもたちを見ている場面です。それを見ている男の子の表情も描写しましょう。女性の方も描写して構いませんが、準1級の面接に慣れている人であればすぐにわかるように、この女性の気持ちが次の設問で問われるはずなので、描写しなくても構いません。

準1級になると、発音やイントネーションの部分はクリアできる人が多くなりますが、この2つが苦手な人は、きちんと強弱をつけて読む練習をしてください。

問題は描写ポイントと文法・語彙です。**点数になるポイントをいかに落とさないかが重要**です。どこがポイントになっているのか不明瞭なこともあるので、描写の分量が大事です。そして、過去問を見る限り、語彙はそこまで高いレベルのものが求められているとは思えません。それよりも、**過去形や過去進行形をきちんと使えるかといった文法が重要**になります。

【 解答例 】

<u>One day, a woman was at a café with her mother and son.</u> Her son was eating cake. Her mother showed her an article saying that early learning helps children become successful in their future careers. The woman looked surprised. A few weeks later, the woman was at home talking to her husband. She had made a list of activities, and she told him that English, computers, and swimming would have a good influence on their son, and her husband agreed. Her son was enjoying playing a video game. One month later, she was waiting for her son outside the ABC English school. As he ran out of it, she told him that they were late for his swimming lesson. On the way to XYZ swimming school, while they were riding bikes, they saw some children playing happily in the park. Her son looked sad when he saw the scene.

日本語訳

ある日、女性が彼女の母親と自分の息子とカフェにいました。息子はケーキを食べていました。彼女の母親は彼女に「早期教育は子どもが将来の仕事において成功することを助ける」という記事を見せました。女性は驚いたようでした。数週間後、女性は家で夫と話していました。彼女は行動のリストを作り、夫に、英語、コンピューター、水泳は息子に良い影響を与えるだろうと伝え、夫は賛成しました。息子はテレビゲームを楽しんでいました。1か月後、彼女はABC英語学校の外で息子を待っていました。彼がそこから走って出てくると、彼女は、水泳のレッスンに遅れているわよと言いました。XYZプールへ行く途中、彼らは自転車に乗りながら、子どもたちが公園で楽しそうに遊んでいるのを見ました。その光景を見たとき、彼女の息子は悲しそうに見えました。

質疑応答問題（No.1）

Point① 質疑応答問題（No.1）はどんな問題？
○ナレーション問題で使った4コママンガの4コマ目の絵で主人公が考えていることを伝える問題
○質問文は If you were the woman, what would you be thinking? のように**仮定法を使った文**で問われます。

Point② 質疑応答問題（No.1）の攻略方法とは？
○仮定法を使った表現や時制に注意
　4コマ目は多くの場合、過去に行ったことへの後悔について語ることが多いので、**should have** *done*（〜すべきだった）などの表現を必ずおさえておきましょう。

No.1 Please look at the fourth picture. If you were the woman, what would you be thinking?

※実際の面接では、質問文は問題カードに書かれていません。

（2018年度第2回A日程）

【 解答例 】

If I were her, I'd be thinking, "It was a mistake to push him to do what I wanted him to do. I should have asked him what he wanted to do. Then he might be able to enjoy playing with other kids just like them."

解説

解答は下線部の表現で始めます。主人公が思っている内容の中に、**節が3つ出てくるように**しましょう。**so**で繋いだり**if**節を使ったりできますが、とにかく量が大事です。一番使いやすいのは **should have** *done*「〜すべきだった」、**shouldn't have** *done*「〜すべきではなかった」です。ほとんどの場合、何かを後悔している絵になるので、この表現が効果的です。一応、準1級では仮定法を使えることが求められていますが、使用するのは would be thinking のところだけでも構いません。

日本語訳
私が彼女なら、「私が彼にしてほしいことを無理強いしたことは間違いだった。私は彼に、何をやりたいのか尋ねるべきだった。そうすれば、彼はまさに彼らのように、他の子どもたちと楽しく遊べたかもしれない」と考えているでしょう。

トレーニング問題

ナレーション問題と質疑応答問題（No. 1）にチャレンジしてみよう。自分の解答内容は録音しておき、解答例と比べてみよう。

【 トレーニング問題 】

You have **one minute** to prepare.

This is a story about a couple that was interested in starting a new business.
You have **two minutes** to narrate the story.

Your story should begin with the following sentence:
One day, a couple was having coffee at home.

（2018年度第2回B日程）

ナレーション問題

【 解答例 】

One day, a couple was having coffee at home. The woman found an article that said food trucks were gaining popularity. She mentioned to her husband that that would be a great business, and he agreed with her. Two weeks later, she and her husband visited a used-car dealer to search for a vehicle for their new venture. The salesperson showed them an old van. Both the woman and her husband looked happy. She was thinking of cleaning it up to make it appear brand-new. On the opening day, a large number of people were waiting in line at their food truck called ABC Sandwiches. The woman was handling customers while her husband was preparing food. One year later, other food trucks started business in the same area, and they attracted many customers, who were waiting in long lines. The husband appeared worried and said that the new trucks had taken their customers.

vocabulary

- □ narrate「〜を語る、述べる」
- □ following「次の」
- □ food truck「食品販売車」
- □ mention to A that 〜「Aに〜と言う」
- □ used-car dealer「中古車ディーラー」
- □ vehicle「乗り物」
- □ venture「ベンチャー事業」
- □ van「バン（箱型トラック）」
- □ brand-new「新品の」
- □ opening day「開店日」
- □ wait in line「列に並んで待つ」
- □ handle「〜の対応をする」
- □ attract「〜を引き付ける」
- □ appear「〜のように見える」

解説

1コマ目では、記事に書いてある内容、女性の発言、夫の同意の3ポイントを描写します。

2コマ目では、中古車店に行く、販売員が車を薦めている、女性は車をきれいにしようと考えているという3つのポイントが重要です。解答例では念のため、夫婦が喜んでいるところも描写しています。

3コマ目では、客が並んでいるところ、女性と男性が行っている動作を描写しています。cookでももちろん良いですが、**prepare food**も「料理を作る」という意味です。

4コマ目では、男性の発言と、客が他のfood trucksに流れてしまったことを描写します。描写の分量を増やすため、男性の表情に関しても**appeared worried**（心配しているように見えた）などと描写しましょう。

日本語訳

ある日、夫婦が自宅でコーヒーを飲んでいました。女性は食品販売車の人気が上昇しているという記事を見つけました。彼女は素晴らしい事業になるだろうと夫に言い、彼は彼女に同意しました。2週間後、彼女と夫は新しいベンチャー事業のためのクルマを探すために中古車ディーラーを訪れました。販売員は、彼らに古いバンを見せました。女性と夫の両方がうれしそうでした。彼女はそれが新品に見えるよう、きれいにすることを考えていました。開店日には、多くの人々が「ABCサンドイッチ」と呼ばれる彼らの販売車に列になって並んでいました。女性は客の対応をし、その一方で、夫は料理を作っていました。1年後、同じ場所で他の販売車が商売を始め、彼らは多くの客を魅了し、客は長い列に並んでいました。夫は心配しているように見え、新しい販売車が自分たちの客を奪ったと言いました。

質疑応答問題（No.1）

【 解答例 】

If I were her, I would be thinking, "We have to do something to bring our customers back. One possibility is to expand the existing menu. The other is to spend some money on advertising so that we can draw new customers."

解説

「客を取り戻す」「メニューを増やす」「広告を出す」という3つの情報を述べています。so thatの部分もあるので、正確には4つあります。多いに越したことはありません。後悔を表すだけでなく新たな解決策を考えるというアプローチも、この問題を解くときには有益です。

日本語訳

私が彼女なら、「私たちは客を取り戻すために何かをしなくてはならない。1つ可能なのは現在のメニューを増やすことだ。もう1つは、新しい客を引き寄せられるよう、広告にお金を使うことだ」と考えているでしょう。

vocabulary

- **If S were A, S world ～**「もし、SがAならば、Sは～だろう」
- **expand**「～を拡大する」
- **existing**「現在の」
- **advertising**「広告」
- **draw**「～を引き寄せる」

Theme 4 質疑応答問題(No. 2～4)をおさえよう！

●ポイント解説

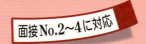
面接No.2～4に対応

Point① 準1級の質疑応答問題(No. 2～4)はどんな問題？

○面接官からの質問に答える問題。
　社会問題など様々なトピックについて意見を問われます。
○問題数：3問

Point② 準1級の質疑応答問題(No. 2～4)の攻略方法とは？

1つの質問に対し3つ以上の文を使って答えます。とにかく情報量が大事です。
その際、以下の解答パターンをおさえておきましょう。

Key

◆答え方
　Yes ＋ α
　No ＋ α
　　αの部分には**節を3つ入れる**こと。ただし、自分の経験や好みを理由にしてはいけません。一般論で答えましょう。

◆ αの部分のパターン
　理由（必須）／ 別の理由／ 具体例／ ～すべきだ。
　これらを組み合わせて絶対に節が3つ以上になるようにしましょう。

【 例 題 】

No. 2　Should subjects like art and music be cut to make more time for other types of classes?

No. 3　Do you think the facilities at public parks should be improved?

No. 4　Should parents try to get their children interested in politics?

※実際の面接では質問文は書かれていません。　　　　　　　　　　（2018年度第2回A日程）

【 解答例 】

No.2

Yes. To hold art and music classes, we need special equipment such as musical instruments and paint supplies, so it would require a higher budget. Things which are beneficial to future careers should be taught, such as social studies and science, instead.

No. Learning art is said to stimulate the right brain functions. This helps develop children's creativity, which can be useful in their future careers. For example, one study showed that people who learned art became better problem solvers.

No.3

Yes. A lot of restrooms don't have an area for changing babies' diapers. Therefore, it might be difficult for people with babies to go there. In addition, challenged people may require special handrails and ramps to ensure their convenience and safety.

No. Not so many people use facilities in public parks. Therefore, it is a waste of money. Instead, we should spend that money improving landscaping or attractions to draw more tourists.

No.4

Yes. A lot of young people don't participate in politics. This is because they're not familiar with it. Therefore, their parents should familiarize them when they are still little.

No. It is too complex and boring for children. If their parents try to force them to get interested in it, they may hate it even more. Instead, children should be taught more fundamental knowledge and skills.

解説

No. 2 (Yes)「美術や音楽の授業では楽器や絵の具などが必要」「だから予算が多くなる」「社会や理科など将来の仕事に役立つものを教えるべきだ」のように、「理由」「そこから導かれる結論」「～すべきだ」という情報を3つ述べています。とにかく3つ情報を入れることが大切です。

(No) このトピックはTOEFLなどでもよく出題されるのですが、客観的に擁護する意見を述べるのはなかなか難しいです。解答例では、「脳の機能を刺激」「創造力を良くする」「例えばアートを勉強した人は問題解決能力が高いという研究結果がある」というように、「理由」「そこから導かれる結論」「具体例」と、情報を3つ述べています。

No. 2～4も情報量が大切です。ちなみに、career[kəríər] は発音を間違えやすい単語なので要注意です。

こうした問題では、自分の好みや経験だけで、I don't like art. や I'm good at music. などを理由にしてはいけません。ただし、**論理的であれば、具体例に使うことはOK**です。

× Yes. I had to buy a lot of art supplies. 　◀ 理由として自分の経験はダメ。

○ Yes. These classes cost a lot of money. For example, when I was in high school, I had to buy a lot of art supplies in my art class. 　◀ 具体例に使うのはOK。

53

No. 3 (Yes)「公園のトイレにオムツを替える場所がない」「親たちが使えない」「障がいのある人たちに必要なものがない」と、「理由」「そこから導かれる結論」「2つ目の理由と情報」の3つを述べています。therefore や so という因果関係を表す表現は積極的に使いましょう。

(No)「多くの人は使っていない」「お金の無駄になる」「他のものにお金を使うべきだ」と、「理由」「そこから導かれる結論」「〜すべきだという情報」の3つを述べています。

No. 4 (Yes)「多くの若者が政治に参加しない」という問題を述べ、「これは政治のことをよく知らないから」と理由を述べ、「だから小さいときから教えるべき」という解決策を述べています。3つ目の文に、質問と同じ get their children interested in politics を使ってしまうと情報が3つにならないので注意です。

(No)「難しくて退屈」「親が教えたら嫌いになってしまう」「もっと基本的な知識や技能を教えるべき」と、2つの理由と「〜すべきだ」という3つの情報を述べています。

日本語訳

No. 2 美術や音楽のような科目は減らし、他の種類の授業にもっと時間を作るべきですか。

(Yes) はい。美術や音楽の授業を行うためには、楽器や絵の具など特別な用具が必要なので、より多くの予算を必要とします。その代わりに、社会や科学のような将来の仕事に役に立つことを教えるべきです。

(No) いいえ。美術を学ぶことは、右脳の機能を刺激すると言われています。これが、子どもの創造力を伸ばすのを助け、それは将来の仕事に役立ち得るのです。例えば、ある研究は、美術を学んだ人はうまく問題解決ができるようになるということを示しました。

No. 3 公共の公園の設備は改善されるべきであるとあなたは考えますか。

(Yes) はい。多くのトイレには赤ちゃんのオムツを替える場所がありません。それゆえに、赤ちゃん連れの人はそこに行きにくいかもしれません。加えて、障がいを持つ人々は、利便性と安全性を確保するために、障がい者用の手すりかスロープが必要かもしれません。

(No) いいえ。さほど多くの人々が公共の公園の設備を使うわけではありません。それゆえに、それはお金の無駄です。その代わりに、より多くの観光客を引き寄せるための景観やアトラクションの改善にお金を使うべきです。

No. 4 保護者は子どもたちが政治に興味を持つように努力すべきですか。

(Yes) はい。多くの若者は政治に参加しません。これは、政治のことをよく知らないからです。それゆえに、保護者は彼らがまだ小さい頃に親しませるべきです。

(No) いいえ。子どもたちにとって、政治はあまりにも複雑で退屈なものです。保護者がそれに興味を持たせるよう強いると、彼らはそれをもっと嫌いになってしまうかもしれません。その代わりに、子どもたちにはより基礎的な知識と技能を教えるべきです。

Theme 4 トレーニング問題

質疑応答問題（No. 2〜No. 4）1回分にチャレンジしてみましょう。音声を聞いて質問に答えましょう。自分の解答はメモしておいて、次のページの解答例と比べてみましょう。

【 トレーニング問題 】

（音声を聞き、質問に答えましょう）

（2018年度第2回B日程）

放送された英文

No. 2 Do you think a system of giving tips for good service should be introduced in restaurants in Japan?

No. 3 Should people consider environmental friendliness when buying a car?

No. 4 Should companies make more effort to contribute to society?

【 解答例 】 track 12

No. 2

Yes. This motivates servers to work more efficiently. This could lead to better service. Therefore, more customers can be satisfied, which makes the business more successful.

No. In Japan, workers already make enough money. Also, they already offer good service. Furthermore, if the tipping system is introduced, some who are not tipped sufficiently may be discouraged, and the quality of the service might get worse.

No. 3

Yes. It is said that cars play a major role in climate change. Therefore, if we buy environmentally friendly automobiles, we can decrease the amount of CO_2 emission. Also, thanks to the advancement of technology, hybrid cars are becoming more affordable.

No. Hybrid cars are still expensive, and a lot of people cannot afford them. In addition, some researchers say so-called environmentally friendly vehicles can damage nature. People should just use public transportation instead if they're so concerned.

No. 4

Yes. Companies are a core part of society. Therefore, they have some responsibility for contributing to the well-being of citizens. Additionally, if they just seek profits, they might destroy the environment or even economy.

No. Companies are supposed to seek profits. Actually, this leads to more job creation, which helps society. Also, if they focus on other areas, they might become less profitable.

---

vocabulary

☐ **motivate**「〜にやる気を起こさせる」
☐ **efficiently**「効率よく」
☐ **furthermore**「さらに」
☐ **tip**「チップを渡す」
☐ **introduce**「〜を導入する」
☐ **sufficiently**「十分に」
☐ **discouraged**「やる気をなくして」
☐ **climate change**「気候変動」
☐ **〜 friendly**「〜に優しい」
☐ **automobile**「自動車」
☐ **the amount of 〜**「〜の総量」
☐ **emission**「排出」
☐ **advancement**「発展」
☐ **hybrid car**「ハイブリッド車」
☐ **affordable**「手頃な価格の」
☐ **so-called**「いわゆる」
☐ **damage**「〜にダメージを与える」

解説

No. 2 (Yes) 「チップをあげることで効率よく働くようになる」「それによりサービスが良くなる」「より多くの客が満足する」という3つの情報を述べています。which節「ビジネスがよりうまくいく」も入れれば正確には4つですが、情報量が多いに越したことはありません。

(No) 「十分にお金をもらっている」「サービスもいい」「チップをもらえない人はやる気がなくなり、質が下がるかもしれない」と、理由を3つ述べています。

No. 3 (Yes) 「車は気候変動に主要な役割を果たしている」「CO_2の排出の総量を減らせる」「ハイブリッド車も安くなってきている」の3つの情報を述べています。

(No) 「ハイブリッド車はまだ高くて買えない」「環境に優しい車も自然にダメージを与え得る」「心配なら公共交通機関を使うべきだ」の3つの情報を述べています。1文中に節も複数あるので、十分な情報量です。**public transportationは不可算名詞**なので注意して使いましょう。環境問題は頻出テーマですので、常にアンテナを張っておいてください。

No. 4 (Yes) 「企業は社会の中心」「だから市民の幸福に貢献する責任がある」「利益だけを追求したら環境や経済を破壊するかもしれない」の3つの情報を述べています。

(No) 「企業は利益を追求すべきだ」「仕事を生むことが社会に役立つ」「他の分野に関心を向けたらもうからなくなってしまうかもしれない」と述べています。company「企業」、government「政府」、society「社会」は頻繁に使う単語です。なお、頻出単語の1つであるresponsibility「責任」は、この解答例の「企業の責任」などのような**抽象的な意味では不可算名詞なので、複数形にはしません**。ただし、「両親の責任」「大統領の責任」などのように、「個々の具体的な責任」を意味する場合は複数形で表すので、誰が責任を負うのか、どのような責任なのかなど、**内容を把握した上で使うことが大切**です。

また、**企業の社会貢献、政府が社会を良くするにはどうしたらいいかなども頻出テーマ**なので、常日頃からどう答えればよいか考えておきましょう。

日本語訳

No. 2 良いサービスにチップを払う制度を日本のレストランに導入すべきだと思いますか。

(Yes) はい。これは、給仕をする人たちがもっと効率よく働くようにやる気を起こさせます。これはより良いサービスにつながるかもしれません。それゆえに、もっと多くの客が満足する可能性があり、そのことが事業をもっと成功させます。

vocabulary

- □ **have responsibility for** ～「～の責任がある」
- □ **contribute to** ～「～に貢献する」
- □ **well-being**「幸福」
- □ **seek**「～を追求する」
- □ **profit**「利益」
- □ **destroy**「～を破壊する」
- □ *be* **supposed to** *do*「～することになっている」
- □ **focus on** ～「～に集中する」
- □ **area**「分野」

(No) いいえ。日本では、労働者はすでに十分なお金を稼いでいます。また、労働者はすでに良いサービスを提供しています。さらに、チップを払う制度が導入されるならば、十分にチップがもらえない労働者たちはやる気を失い、サービスの質が下がるかもしれません。

No. 3 車を買うとき、環境への優しさを考慮すべきだと思いますか。

(Yes) はい。車は気候変動において主要な役割を演じていると言われています。それゆえに、私たちが環境に優しい自動車を買うならば、二酸化炭素の排出総量を減らすことができます。また、科学技術の発展のおかげで、ハイブリッド車はより手頃な価格になってきています。

(No) いいえ。ハイブリッド車は今なお高価で、多くの人々にはそれらを買う余裕がありません。加えて、環境に優しいと言われている乗り物が自然界にダメージを与え得ると言う研究者たちもいます。そんなに心配ならば、人々は代わりに、とにかく公共交通機関を使うべきです。

No.4 企業はもっと社会に貢献する努力をすべきだと思いますか。

(Yes) はい。企業は社会の中心となる部分です。それゆえに、彼らは市民の幸福に貢献する責任があります。加えて、彼らが利益を追求するだけなら、彼らは環境、あるいは経済さえも破壊してしまうかもしれません。

(No) いいえ。企業は利益を追求しなければなりません。実は、このことがより多くの仕事を生むことにつながり、それが社会の役に立つのです。また、彼らが他の分野に集中すると、彼らはもうからなくなってしまうかもしれません。

面接1回分の問題に挑戦！

Chapter 2の最後に、準1級面接1回分の問題に挑戦しましょう。

You have **one minute** to prepare.

This is a story about the mayor of a city that was selected to host a World Expo.
You have **two minutes** to narrate the story.

Your story should begin with the following sentence:
One day, the mayor was talking with his assistant in his office.

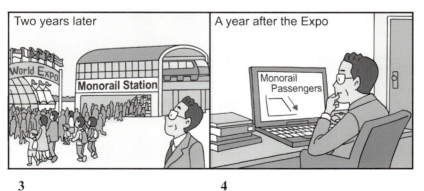

（2018年度第1回B日程）

ナレーション問題

【 解答例 】

One day, the mayor was talking with his assistant in his office. The board indicated the Expo site was 30 kilometers away from the downtown area. The assistant told him that the Expo site was too far away from the downtown area. At a staff meeting, two possible solutions to this problem were proposed: one was to build monorail and the other was to run shuttle buses. The mayor chose the former and the attendees agreed with him. Two years later, a great number of people coming to the World Expo used the monorail. The mayor was satisfied to see that himself. A year after the Expo, however, the mayor was seriously looking at a graph on a computer screen. The graph showed that the number of monorail passengers had drastically decreased after the Expo.

vocabulary
- host「～を開催する」
- World Expo「世界万博」

解説 ナレーション問題

1コマ目では、ホワイトボードに書かれた内容と女性の発言を述べます。ボードの内容を女性の発言内に入れてしまうこともできます。
2コマ目では、「ボードの内容」「市長が1つ目を選んだこと」「出席者が賛同していること」の3つのポイントを選んで描写します。これは頻出のパターンです。
3コマ目では、万博でモノレールの利用客が多く、うまくいって市長が満足しているというポイントを述べます。
4コマ目では、「市長がコンピューターの画面に示されたグラフを見ている」「モノレールの利用客が減ってしまっている」という状況を描写します。市長がどう思っているかは次のNo. 1で必ず問われますから、ここではそれに言及する必要はありません。

日本語訳

ある日、市長が執務室で補佐役と話をしていました。ホワイトボードには、万博会場が市の中心街から30km離れた場所にあることを示していました。その補佐役は市長に、万博の開催場所が中心街から遠く離れ過ぎていると伝えました。スタッフ会議において、この問題を解決できそうな2案が提案されました。1つはモノレールを作ること、もう1つはシャトルバスを走らせることでした。市長は前者を選び、出席者たちは賛成しました。2年後、万博にやって来る大勢の人たちがモノレールを使いました。市長は自分それを見て満足していました。しかし、万博の1年後、市長はコンピューター画面のグラフを真剣に見ていました。そのグラフは、モノレールの利用客が、万博後に劇的に減少したことを示していました。

質疑応答問題

放送された英文

No. 1 Please look at the fourth picture. If you were the mayor, what would you be thinking?

No. 2 Do you think the facilities at train and bus stations in Japan should be improved?

No. 3 Would the introduction of stricter traffic laws decrease the number of car accidents?

No. 4 Do you think that casino gambling is beneficial to society?

【 解答例 】

No. 1

If I were him, I'd be thinking, "Though shuttle buses wouldn't have been able to carry many passengers, that might have been a better choice. The city didn't have to build a monorail system. Then we would be able to avoid this problem."

No. 2

Yes. Stations in Japan are not well equipped for disabled people. For example, many subway stations do not have elevators. Also, there were no restrooms for handicapped people to use.

No. Compared to other countries, transportation facilities are very organized. Stations are clean with no graffiti. Also, big stations have retail stores and they are very convenient.

No. 3

Yes. The number of violations usually decreases with stricter regulations. For example, when the fine for drunk driving dramatically increased in Japan, most people refrained. This was applicable to illegal parking as well. Therefore, stricter traffic rules would reduce the number of accidents.

No. People still break rules despite the severe punishment. For instance, in the US, drunk driving is still prevalent even though the penalty is really harsh. Speeding isn't affected by the introduction of strict regulations.

No. 4

Yes. Casinos usually bring tons of money to local communities. For instance, Macau became really rich by attracting many tourists.
Also, the profit can be used for education as well as infrastructure projects.

No. Casinos can bring a number of problems. For instance, many people get addicted to gambling, which causes financial problems. Also, casinos might lead to other problems such as alcoholism, drug abuse, and prostitution.

---

vocabulary

- **facility**「設備」
- **introduction**「導入」
- **strict**「厳しい」
- **traffic law**「交通法」
- **casino**「カジノ」
- **gamble**「ギャンブルをする」
- *be* **beneficial to ～**「～に利益をもたらす」
- **equipped**「整備された」
- **disabled [handicapped] people**「障がい者」
- **compare to ～**「～と比較する」
- **graffiti**「落書き」
- **retail store**「小売店」
- **violation**「違反」
- **regulations**「規則」
- **punishment**「罰則」
- **be applicable to ～**「～に当てはまる」
- **drunk driving**「飲酒運転」
- **prevalent**「まん延して」
- **penalty**「刑罰」
- **harsh**「厳しい」
- **speeding**「スピード違反」
- **affect**「～に影響する」
- **tons of ～**「大量の～」
- **local community**「地域社会」

解説　No. 1

質問は「4コマ目の絵を見てください。あなたがその市長なら、何を考えていますか。」という内容でした。

解答例は、「シャトルバスはそんなに多くの乗客を運べなかったかもしれないが、そっちの方がよかったかもしれない」「モノレールの施設を作る必要はなかった」「そうすればこの問題を避けることができただろう」と、2コマ目のボードに書いてあった別の策にも触れて情報量を増やします。

日本語訳

私が彼なら、「シャトルバスは多くの乗客を運べなかったかもしれないが、その方が良い選択だったかもしれない。市はモノレールの施設を作る必要はなかった。そうすれば、この問題を避けることができただろう」と考えているでしょう。

解説　No. 2

質問は「日本の電車の駅やバスの発着所の設備は改善されるべきだと思いますか。」という内容でした。

（Yes）「障がい者用に整備されていない」という理由と、「エレベーターがない駅が多い」「使用できるトイレもない」と2つの具体例を述べています。
（No）「交通機関の設備は良い」「落書きもなくきれいだ」「お店もあって便利である」と、こちらも理由と2つの具体例を述べています。
　p. 52にあった公園の問題のように、**公共施設の改善に関する問題はよく出題されます**。

日本語訳

はい。日本の駅は、障がい者のために十分には整備されていません。例えば、多くの地下鉄の駅にはエレベーターがありません。その上、障がい者が使用できるトイレもありません。

いいえ。他の国々と比べると、交通機関の設備はとてもきちんとしています。駅には落書きがなくてきれいです。また、大きな駅には小売店があり、とても便利です。

vocabulary

- □ *A* as well as *B*「Bと同様にAも」
- □ infrastructure「インフラ（公共設備）」
- □ *be* addicted to ～「～に依存している」
- □ alcoholism「アルコール依存症」
- □ drug abuse「薬物乱用」
- □ prostitution「売春」

解説　No. 3

質問は「もっと厳格な交通法規を導入すれば、自動車事故の件数は減るでしょうか。」という内容でした。

(**Yes**) 「日本では厳しくなれば違反数は減る」「飲酒運転の数は減った」「同じことが違法駐車にも効力があった」と理由と2つの具体例を述べています。

(**No**) 「罰則が厳しくても法律は破られる」「罰則の厳しいアメリカでは飲酒運転が減らない」「スピード違反と厳しい罰則には関係がない」の3つの情報を述べています。

日本語訳

はい。厳しい法律を導入すれば、違反の数はたいてい減ります。例えば、飲酒運転の罰金が劇的に高くなったとき、多くの人が控えるようになりました。これは違法駐車についても効力がありました。ゆえに、より厳格な交通法規は事故の数を減らすでしょう。

いいえ。厳しい罰則にもかかわらず、人々は今なお法律を破ります。例えば、アメリカにおいては、罰則が非常に厳しいにもかかわらず、飲酒運転はまだ蔓延しています。スピード違反は厳しい法律の導入の影響を受けません。

解説　No. 4

質問は「カジノでのギャンブルは社会に利益をもたらすと思いますか。」という内容でした。

(**Yes**) 「カジノはお金をもたらす」「マカオは観光客を呼び込んで栄えた」「教育やインフラ設備に収益を使える」のように、理由、具体例、2つ目の理由という3つの情報を述べています。

(**No**) 「カジノは多くの問題をもたらす」「ギャンブルに依存しお金の問題が起こる」「アルコール依存症、薬物乱用、売春に繋がるかもしれない」の3つの情報を伝えています。

日本語訳

はい。カジノは普通、地域社会に非常に多くのお金をもたらします。例えば、マカオは多くの観光客を呼び込んだことで、とても裕福になりました。また、その収益はインフラ事業と同様に、教育にも使えるのです。

いいえ。カジノは多くの問題をもたらす可能性があります。例えば、多くの人々がギャンブル依存症になり、それは財政上の問題を引き起こします。また、カジノはアルコール依存症や薬物乱用、売春につながるかもしれません。

Column

　ライティングやスピーキングを苦手とする受験者は多いのですが、実はこの2つは得点源にできるパートです。ライティングやスピーキングを得点源にするためには、ライティングの模範解答、もしくは学校の先生などに添削してもらった解答を自然に覚えられるくらいまで音読しましょう。ライティングは「書いて、解答をチェックして終わり」にしてしまうともったいないです。ライティングの表現はスピーキングに応用できるものもたくさんあります。

　ライティングの解答を覚えてしまうくらいまで音読することで、スピーキング対策にもなります。

　スピーキングに関しては、この問題集で答え方のポイントをおさえた後は、学校の先生やALTの先生にお願いして、ぜひ練習してもらいましょう。学校以外では手軽に始められるオンラインの英会話もありますので、そういったものを利用するのも良いと思います。

　また、英検準1級に合格する訓練としてライティングやスピーキングの対策をするというのも良いですが、語学の本質はとても楽しいものです。英語を通して海外の人たちとコミュニケーションをとることは自分の世界を広げることです。ですので、「英検の対策だから」といやいや勉強するのではなく、少し遠くを見て、将来を見すえて楽しみながら勉強すると良いと思います。

　英語を使って、海外の人たちとお互いの趣味や、文化、また政治、経済についても語り合える将来はとても楽しいですよ。せっかく英語を勉強するなら楽しみながら勉強しましょう！

Theme 6 ●ポイント解説

リスニングPart 1に対応

会話の内容一致選択問題をおさえよう！

Point① 準1級の会話の内容一致選択問題はどんな問題？

○2人の会話を聞き、その内容に合うものとして最も適切な選択肢を選ぶ問題。
例えば、以下のような会話と質問が放送されます。

例
A : You didn't come to our barbecue today, Wayne. What happened?
B : I went to Nun's Park, but I couldn't find you guys anywhere. I looked around for over an hour.
A : Ah ... it was actually at Vivian Park.
Question : Why did Wayne not go to the barbecue yesterday?

この会話の内容から、質問内容に合う選択肢を選ぶ問題です。
以下で詳しく解説しますが、**会話文中の言葉や内容が選択肢では他の言葉に言い換えられていることが多く、言い換えを見抜けるかどうかも問われます。**
○問題数：12問
○放送回数：1回
○問題用紙には選択肢のみ記載されています。

Point② 準1級の会話の内容一致選択問題の攻略方法とは？

○話し手の立場・間柄を理解する
Part 1では**話し手の立場や間柄を理解する**ことで正解を導きやすくなります。
話し手の立場：ある話題に対して賛成か反対か
話し手の間柄：会社の同僚・親子・客と店員
これらの情報は会話の出だしでわかることが多いので、出だしを聞き逃さないようにしましょう。例えば、

★Excuse me, I need to send this letter to Beijing for delivery by Monday.
☆The soonest we can guarantee delivery is Tuesday.

（2019年度第1回（11）より一部抜粋）

★すみません、この手紙を月曜日までに届くよう北京に送りたいのですが。
☆確約できる一番早い配達は火曜日となります。

＊本書の星印は、「★＝男性1人目」「☆＝女性1人目」を表します。

という出だしであれば、これは客と郵便局職員のやり取りであるとわかります。

○代名詞に注意する
代名詞は質問に直接関係することが多いです。例えば、会話の中で、

I'll do it. / That's a good idea.

のような表現が使われた場合、**it** や **that** の内容が問われることが多いです。例えば、建設業者と客の間で次のようなやり取りがあったとします。

66

> 建設業者：I'll have to charge you extra for weekend work.
> 客：　　　That's no problem.
>
> 建設業者：週末の仕事に対して追加でご請求することとなります。
> 客：　　　それは問題ありません。　　　　　　　　（2019年度第1回 (5) より一部抜粋）

　この問題の実際の質問では、**That**の内容が問われていました。**That**は建設業者の**charge you extra for weekend work**を指しています。このように代名詞の指す内容は問われる頻度が高いので、常に注意を払いましょう。

○言い換えに注意する
　英検準1級では本文の内容がそのまま正解の選択肢に書かれていることはまれで、ほとんどの場合、**異なる表現や、状況をまとめた表現で言い換えられます**。例えば、

> ☆You didn't come to our barbecue yesterday, Wayne. What happened?
> ★I went to Nun's Park, but I couldn't find you guys anywhere. I looked around for over an hour.
> ☆Ah ... it was actually at Vivian Park.
>
> ☆ウェイン、昨日バーベキューに来なかったね。どうしたの？
> ★ナンズパークに行ったんだけど、どこにも皆を見つけられなかったんだよ。1時間以上探し回ったんだ。
> ☆あぁ…、実はビビアンパークだったんだよ。　　　（2019年度第2回 (3) より一部抜粋）

という問題に対する質問は、

　☆**Question:** Why did Wayne not go to the barbecue yesterday?
　　　なぜウェインは昨日バーベキューに行かなかったのですか。

でした。この問題の正解は He went to the wrong place.（彼は間違った場所に行ってしまった）です。**wrong place**という表現は会話の中には出てきませんが、この会話の状況をまとめた表現ですね。このように、正解の選択肢では本文の単語や表現とは異なるものや、本文の内容をまとめた表現が使われるので、注意が必要です。
　これらに気をつけて、2問の例題に取り組んでみましょう。

【 例 題 1 】

1 Play golf with her more often.
2 Avoid playing golf on windy days.
3 Buy some new golf clubs.
4 Take golf lessons.

(2019年度第2回(11))

放送された英文

★That's the worst round of golf I've played in months.
☆You didn't do that badly.
★You're too nice. But I really struggled. My putting was terrible.
☆Well, the wind was pretty strong.
★I'd like to blame my old clubs, but I feel like something is wrong with my form.
☆Working with an instructor might not be a bad idea.
★Maybe you're right. I seem to have developed some bad habits.
☆The professionals here at the club are reasonably priced.
★Really? I'll look into it.
☆Question: What does the woman suggest the man do?

解説

ゴルフがうまくいかなかった男性と、その男性を励まし、インストラクターからレッスンを受けることを提案している女性の会話です。男性は基本的にネガティブで、女性はポジティブですね。このように、**人物の態度や立場を大まかにおさえておくことが大切**です。
質問は、

　　What does the woman suggest the man do?
　　（女性は男性に何をするよう提案していますか）

ですが、女性は3回目の発言で、

　　Working with an instructor might not be a bad idea.
　　（インストラクターと練習することは悪くない考えかもしれないわ）

と述べています。さらに最後の発言で、

　　The professionals here at the club are reasonably priced.
　　（ここのクラブのプロたちは手頃な値段よ）

と付け加えています。特にworking with an instructorの部分から、女性は男性にゴルフのレッスンを勧めているとわかります。従って、答えは **4** の Take golf lessons. となります。
会話文の中にgolf lessonsという表現は出てきませんが、会話の中の**working with an instructorがgolf lessonsと言い換えられています**。

解答　4

> 日本語訳

★この数か月にしたゴルフのラウンドの中で一番悪いよ。
☆そんなに悪くなかったわよ。
★ずいぶん優しいんだね。でも、本当に苦労したんだ。パターが悪かったんだ。
☆そうね、風がとても強かったしね。
★僕の古いゴルフクラブのせいにしたいけど、自分のフォームが悪かった気がする。
☆インストラクターと練習することは悪くない考えかもしれないわ。
★多分、君が正しいよ。僕はいくつか悪い癖がついているようだから。
☆ここのクラブのプロたちは手頃な値段よ。
★本当？ 調べてみる。
☆質問：女性は男性に何をするよう提案していますか。

（選択肢）
1 彼女ともっと頻繁にゴルフをする。
2 風の強い日にゴルフをするのを避ける。
3 新しいゴルフクラブを買う。
4 ゴルフのレッスンを受講する。

【 例 題 2 】

1 He will have little free time.
2 He will have to find a roommate.
3 He will need a part-time job.
4 He will live with Mary's cousin.

（2019年度第1回（4））

> 放送された英文

☆I heard you got into UCLA law school. Congratulations!
★Thanks, Mary. I'm thrilled. But now the hard work begins.
☆Don't worry. You'll do fine. So when are you moving to LA?
★In two months. I've been searching online for an apartment.
☆You know, my cousin lives in Hollywood, and I think he's looking for a roommate.
★Thanks, but I want to live close to campus.
☆Because you'll be in the library day and night, right?
★Actually, that's what I'm expecting.
☆Question: What does the man imply?

> 解説

UCLAのロースクールに受かった男性とそれを祝福する女性の会話です。会話の概要はLA(ロサンゼルス)に引っ越す男性に対して、女性が my cousin lives in Hollywood, and I think he's looking for a roommate と述べ、自分のいとこがルームメイトを探していると男性に伝えます。ですが、男性はそれを断り、キャンパスの近くに住みたいと答えます。その後、最後の女性と男性のやり取りは、

　☆女性：Because you'll be in the library day and night, right?
　　　　　（昼も夜も図書館にいるつもりだからでしょ？）
　★男性：Actually, that's what I'm expecting.（実はそうするつもりなんだ）

という内容です。質問は、

　　　What does the man imply?（男性が示唆していることは何ですか）

ですが、これは男性の最後の発言のthatの内容が理解できているかが問われている問題です。thatは直前の女性の発言のbe in the library day and night（昼も夜も図書館にいる）を指しています。一日中図書館にいるということは「自由な時間がほとんどない」ということになるので、正解は**1**のHe will have little free time.となります。

今回の問題は**男性の最後の発言のthatの内容をしっかりと理解することと、本文中の発言と選択肢の言い換えに気づくことがポイント**でした。

ちなみに、男性は1回目の発言でもthe hard work begins（大変な勉強が始まる）という発言をしていますので、その部分をヒントにすることもできますが、そこだけに頼らず、最後の男性の発言のthatの内容をしっかり理解しましょう。

解答 1

日本語訳

☆UCLAのロースクールにあなたが受かったって聞いたわ。おめでとう！
★ありがとう、メアリー。ワクワクしてるよ。でも、これからあの大変な勉強が始まるんだ。
☆心配しないで。あなたはうまくやるわよ。それで、いつロサンゼルスに引っ越すの？
★2か月後だよ。ネットでアパートを探しているんだ。
☆私のいとこがハリウッドに住んでるでしょ？　彼はルームメイトを探していると思うよ。
★ありがとう、でも、僕はキャンパスに近いところに住みたいんだ。
☆昼も夜も図書館にいるつもりだからでしょ？
★実はそうするつもりなんだ。
☆質問：男性が示唆していることは何ですか。

（選択肢）
1　ほとんど自由な時間がないだろう。
2　ルームメイトを見つけなければならないだろう。
3　アルバイトの仕事が必要だろう。
4　メアリーのいとこと暮らすだろう。

Part 1のポイントは理解できましたか？確実に理解して、次のページのトレーニング問題に進みましょう。

トレーニング問題

会話の内容一致選択問題にチャレンジしてみましょう。
音声を聞き、会話の内容に合うものを選択肢から1つ選びましょう。

□ (1)
1 The garden will be worth the effort.
2 They should have hired someone.
3 The flower garden will be hard to design.
4 They still have a lot more digging to do.
(2019年度第1回 (2))

□ (2)
1 They moved without telling her.
2 Mike told her that they are both sick.
3 They did not go to Mike's Christmas party.
4 They have not been in touch recently.
(2019年度第1回 (3))

□ (3)
1 He does not jog anymore.
2 He exercises more regularly now.
3 He has just started a new diet.
4 He is too busy to work out these days.
(2019年度第2回 (6))

□ (4)
1 Have his car fixed.
2 Stay home from work.
3 Call the bus company.
4 Get Jan to give him a ride.
(2019年度第2回 (7))

□ (5)
1 He does not enjoy visiting his wife's father.
2 He should have gone with his wife.
3 The nursing home is too far away.
4 His wife should spend time with her father.
(2019年度第2回 (10))

□ (6)
1 Visit his parents.
2 Wait at a restaurant.
3 Join the woman on her errands.
4 Get some tickets for the concert.
(2019年度第2回 (12))

□ (7)
1 Her appointment has been canceled.
2 Armand White is out of the office today.
3 There are no positions available.
4 She can leave her résumé with him.
(2018年度第3回 (5))

☐ (8)	1 Show the woman how to make a transfer. 2 Direct the woman to another branch. 3 Take the woman to an available clerk. 4 Keep the woman's place in the line.	 (2018年度第3回(8))
☐ (9)	1 He may have inherited health problems. 2 He fails to follow his doctor's advice. 3 He often forgets appointments. 4 He is stressed from overwork.	 (2018年度第2回(5))
☐ (10)	1 Purchase a wide-screen TV. 2 Get a new remote control. 3 Buy some more batteries. 4 Take the TV to be repaired.	 (2018年度第2回(6))
☐ (11)	1 Start practicing for his speech. 2 Calculate how long the presentation will take. 3 Finish preparing the materials for their talk. 4 Present the budget proposal.	 (2019年度第1回(7))
☐ (12)	1 The store would not give him a replacement camera. 2 The manufacturer did not repair his camera properly. 3 The store did not have the same camera in stock. 4 The warranty on his camera did not cover the repairs.	 (2019年度第1回(9))
☐ (13)	1 Get a job instead of an internship. 2 Look for an internship with a flexible schedule. 3 Postpone the internship until his research is finished. 4 Find an internship that will broaden his knowledge.	 (2018年度第3回(11))

(1) 解答 **1**

▶放送された英文

☆My back is aching, and my hands are sore. This digging is hard work!
★Yes, but if we want to have a nice yard, we need to put in the effort.
☆I just didn't think we'd have to dig out two truckloads of dirt.
★The worst is over. Now we get to plan the flower garden.
☆Still, I wish we'd hired someone to do the labor.
★You know we can't afford that. Besides, we'll get more satisfaction out of doing it ourselves.
☆Yeah, you're probably right.
☆Question: What is the man's opinion?

日本語訳
☆腰が痛くて手が痛いわ。土を掘るこの作業は重労働だわ！
★うん、でも、すてきな庭が欲しいなら、努力する必要があるよ。
☆トラック2台分の土を掘り出さなきゃいけないなんて、全然思わなかったのよ。
★最悪のは終わったよ。さて、花壇の計画を立て始めよう。
☆今になっても、この仕事をするのに人を雇えばよかったと思うわ。
★その余裕がないのは知ってるよね。それに、自分たちでやることでより満足感が得られるんだよ。
☆ええ、あなたが多分正しいわ。
☆質問：男性の意見は何ですか。

選択肢と訳
1 The garden will be worth the effort.
2 They should have hired someone.
3 The flower garden will be hard to design.
4 They still have a lot more digging to do.

1 その庭は努力する価値があるだろう。
2 彼らは人を雇うべきだった。
3 その花壇はデザインするのが難しいだろう。
4 彼らにはまだ掘り起こし作業がたくさんある。

解説 庭の土を掘る作業についての女性と男性の会話です。女性はThis digging is hard work!（土を掘るこの作業は重労働だわ！）から始まり一貫して不満を述べており、男性はそれをなだめています。質問はWhat is the man's opinion?（男性の意見は何ですか）なので、女性の不平に対する男性の応答を聞き取ることがポイントになります。解答の根拠は、男性の最初の発言のif we want to have a nice yard, we need to put in the effort（すてきな庭が欲しいなら、努力する必要がある）。これを、worth the effort（努力する価値がある）と言い換えた **1** が正解です。
2 は女性の考え。**3** は会話の中のflower gardenという表現から連想されるひっかけ。**4** は、男性の2回目の発言The worst is over（最悪なのは終わった）や、その直後のNow we get to plan the flower garden.（さて、花壇の計画を立て始めよう）から、掘る作業はもう完了しているとわかるので不正解。

(2) 解答 **4**

▶放送された英文

☆Have you heard from Janet and David Haydon lately?
★No, why?
☆I sent them a Christmas card, but they didn't send us one. Usually they do, you know.
★Is there any special reason to worry?
☆Well, wasn't David having a hip operation in November? And Janet has had a heart problem for years.
★Hmm. I think Mike Hill would have contacted me if something serious had happened. He stays in touch with David.
☆Yeah, maybe they just forgot, but I think I'll call them later anyway.
★Question: Why is the woman worried about Janet and David?

日本語訳
☆最近、ジャネットとデイビッドのヘイドン夫妻から連絡はあった？
★ううん、何で？
☆2人にクリスマスカードを送ったんだけど、彼らは私たちに送ってきてないの。いつも彼らはそうしてくれるでしょ？

---

vocabulary

□ **ache**「痛む」
□ **sore**「痛い、ヒリヒリする」
□ **digging**「掘ること」
□ **put in the effort**「努力をする」
□ **dig out ~**「~を掘り出す」
□ **truckload of ~**「トラック1台分もの~」
□ **the worst**「最悪の状況、事態」
□ **get to** *do*「~することを始める、に着手する」
□ **I wish S had** *done*「（仮定法過去完了）Sが~であったらよかったのにと思う」
□ **labor**「（主に肉体的な）仕事、作業」
□ **besides**「その上」

□ **hear from ~**「~から連絡がある」
□ **lately**「最近」
□ **stay[be] in touch with ~**「~と連絡を取っている」
□ **anyway**「とにかく」

★心配する特段の理由があるの？
☆えーと、11月にデイビッドは腰の手術をすることになっていなかった？それに、ジャネットは何年も心臓に問題を抱えているわ。
★ふーむ。何か深刻なことが起こっていたら、マイク・ヒルが僕に連絡をくれたと思うよ。彼はデイビッドと連絡を取り合っているからね。
☆ええ、多分ただ忘れただけだと思うけれど、とにかく後で電話しようと思うの。
★質問：女性はなぜ、ジャネットとデイビッドのことを心配していますか。

選択肢と訳
1 They moved without telling her.
2 Mike told her that they are both sick.
3 They did not go to Mike's Christmas party.
4 They have not been in touch recently.

1 彼らが彼女にだまって引っ越したから。
2 マイクが彼女に2人とも病気だと伝えたから。
3 彼らがマイクのクリスマス・パーティーに行かなかったから。
4 彼らが最近連絡を取っていなかったから。

解説 2人はヘイドン夫妻について話しています。女性は最初の発言でHave you heard from Janet and David Haydon lately?（最近、ジャネットとデイビッドのヘイドン夫妻から連絡はあった？）と聞いていることから、彼女がヘイドン夫妻と連絡が取れていないことが推測できます。質問はWhy is the woman worried about Janet and David?（女性はなぜ、ジャネットとデイビッドのことを心配していますか）。最初の発言が解答の根拠となり、正解は **4** です。女性は最初の発言の後にも「クリスマスカードを送ってきていない」「デイビッドは手術、ジャネットは心臓に問題がある」など夫妻を心配しています。
1、**2** は述べられていません。**3** は本文のChristmasから連想されるひっかけの選択肢。

(3) **解答** **2**

▶**放送された英文**
☆You've lost weight, Sergio. Have you been dieting?
★No. I've just found a new way to exercise.
☆I thought you went jogging regularly?
★I do. But I always skip it when the weather's bad. Now I've started playing exercise video games.
☆Really? I can't understand how anyone can use those to work out. I really need to be out in the fresh air.
★I still get outdoors. But when it rains, I can exercise and stay dry!
☆Question: What do we learn about the man?

日本語訳
☆セルジオ、やせたわね。ダイエットしているの？
★いや。ちょっと新しい運動の方法を見つけたんだ。
☆あなたは定期的にジョギングしていると思っていたけど。
★しているよ。でも、天気が悪いときはいつもやっていないよ。今は運動のテレビゲームをし始めたんだ。
☆本当？　どうしたらそれを運動に使えるのかわからないわ。私には新鮮な空気のある屋外にいることが欠かせないけど。
★僕はまだ外に出ているよ。でも、雨が降っているときに運動できるし、濡れないで済むんだ！
☆質問：男性について何がわかりますか。

選択肢と訳
1 He does not jog anymore.
2 He exercises more regularly now.
3 He has just started a new diet.
4 He is too busy to work out these days.

1 もうジョギングをしていない。
2 現在もっと定期的に運動している。
3 ちょうど新しいダイエットを始めた。
4 最近忙し過ぎて運動できない。

vocabulary

☐ **lose weight**「やせる」
☐ **diet**「ダイエットをする」
☐ **regulary**「定期的に」
☐ **skip**「〜を抜かす、サボる」
☐ **work out**「運動をする、トレーニングをする」
☐ **get outdoors**「屋外に出る」
☐ **stay dry**「濡れずに済む」

解 説 男性の発言を整理すると、「ダイエットはしていない」→「新しい運動方法を見つけた」→「雨の日はジョギングをやめている」→「運動のテレビゲームなら、雨の日でも運動できる」となります。このことを He exercises more regularly now. と表現した **2** が正解。

1 は会話の内容と矛盾しています。**3** は「ダイエットをしているの？」と聞かれて否定しているので誤り。**4** は女性の発言の can't や work out という単語から連想されるひっかけの選択肢。

---

(4) **解 答** **2**

▶放送された英文

☆Snider Insurance, Jan Meadows speaking.
★Hi, Jan. Philip here. How did you manage to get to work with all the snow on the roads?
☆My husband's car has four-wheel drive. It took twice as long as usual, though.
★Well, my car won't start. I could walk down the hill to the bus, but I'm not sure it'll be running.
☆Maybe you should skip work today. I can handle your calls.
★Thanks, Jan. I'll do that.
☆Question: What does the man decide to do?

日本語訳
☆スナイダー保険のジャン・メドウズです。
★やあ、ジャン。フィリップだよ。君はどうやってこんな雪道の中、職場まで行けたんだい？
☆主人の車は四輪駆動なの。普段の2倍時間がかかったけど。
★ところで、僕の車が動かないんだ。坂を下ってバスのところまで歩けるんだけど、バスが走っているかどうかわからないし。
☆あなたは今日は、仕事を休むべきかもね。あなたへの電話の応対はしておくわ。
★ありがとう、ジャン。そうするよ。
☆質問：男性は何をすることにしましたか。

選択肢と訳
1 Have his car fixed.
2 Stay home from work.
3 Call the bus company.
4 Get Jan to give him a ride.

1 車を修理してもらう。
2 仕事を休んで家にいる。
3 バス会社に電話する。
4 ジャンに車に乗せてもらう。

解 説 女性は最初に Snider Insurance, Jan Meadows speaking（スナイダー保険のジャン・メドウズです）と発言していますが、男性はこれに対し Hi, Jan（やあ、ジャン）と親しげに応えていたり、How did you manage to get to work（どうやって職場まで行けたのか）と聞いていることから、2人は保険会社の社員と客ではなく、この会社の同僚だとわかります。質問の What does the man decide to do?（男性は何をすることにしたか）に対する解答の根拠は、男性の最後の発言の I'll do that.（そうするよ）です。この that は直前の女性の発言の you should skip work today（あなたは今日は、仕事を休むべきだ）を受けているので、男性はその女性の提案に同意したことがわかります。従って正解は、「仕事を休む」を stay home from work と言い換えた **2** です。

1 は会話中の car から連想されるひっかけの選択肢。**3** は calls と bus から連想されるひっかけの選択肢。会話中の I can handle your calls. は、女性が男性の代わりに電話対応をする、という意味です。**4** は会話の中の car や drive から連想されるひっかけの選択肢。

---

vocabulary

□ 〜 Insurance「〜保険会社」
□ manage to do「なんとか〜する」
□ get to work「仕事・職場に来る、着く」
□ four-wheel drive「四輪駆動」
□ walk down the hill to 〜「坂を降りて〜まで歩く」
□ skip work「仕事を休む」
□ handle「〜に対応する」
□ give *A* a ride「Aを車に乗せる」

(5) 解答 4

放送された英文

☆Honey, I'm glad I visited my father in the nursing home today. He seemed really excited to see me.
★That's great. I know you don't have much time, but I think it's important for you to see him regularly. He's been depressed recently.
☆Yeah, I know. He still complained about being there, though.
★Well, that's understandable. He used to be very independent.
☆Look, do you think we could go again this weekend?
★I'll have to check my work schedule, but that should be fine.
★Question: What does the man say?

日本語訳

☆あなた、今日父に会いに養護施設に行ってきてよかったわ。私に会えて本当にうれしそうだったわ。
★それはよかったね。君に時間があまりないのは知っているけど、定期的に彼に会うのは大事なことだと思うよ。彼は最近落ち込んでいるよね。
☆ええ、知っているわ。彼はまだそこにいることに不満を言っているけどね。
★まあ、わかるよ。彼はとても自立していたからね。
☆ねえ、今週末にもう一度行かない？
★仕事の予定を確認しなきゃいけないけど、大丈夫なはずだよ。
★質問：男性はどんなことを言っていますか。

選択肢と訳

1 He does not enjoy visiting his wife's father.
2 He should have gone with his wife.
3 The nursing home is too far away.
4 His wife should spend time with her father.

1 彼は妻の父親を訪ねるのが楽しくない。
2 彼は妻と一緒に行くべきだった。
3 その養護施設は遠過ぎる。
4 妻は父親と時を過ごした方がよい。

解説 女性は最初の発言でHe（= her father) seemed really excited to see me.（彼は私に会えてとてもうれしそうだった）と言い、男性はI know you don't have much time, but I think it's important for you to see him regularly.（君に時間があまりないのは知っているけど、定期的に彼に会うのは大事なことだと思う）と答えています。質問はWhat does the man say?（男性は何を言っていますか）なので、上のit's important for you to see him regularlyを言い換えた4「妻は父親と時を過ごした方がよい」が正解。会話中のimportant（重要な）をshould（〜した方がいい）と表現し、see himをspend time with her fatherに言い換えています。
1、2、3とも、述べられていません。

(6) 解答 3

放送された英文

☆Hey Antonio! What are you doing here? I thought you'd found a job overseas.
★I did, but I'm home visiting my parents.
☆They must be happy to see you. How long are you here for?
★I go back to Turkey in a couple of days. Listen, I've got a few hours to kill before going to a concert. Do you want to get some lunch?
☆I'd love to, if you don't mind me running a few quick errands first.
★Not a problem. I'll come along and keep you company.
☆Great. We have so much to catch up on.
★Question: What is the man going to do next?

日本語訳

☆やあ、アントニオ！ ここで何をしてるの？ 海外で仕事を見つけたと思ってたよ。
★見つけたんだけど、両親を訪ねるために帰国してるんだ。
☆ご両親はあなたに会えてうれしいでしょうね。どれくらいここにいるの？
★数日後にトルコに戻るよ。ねえ、コンサートに行く前に数時間があるんだ。ランチに行かない？
☆喜んで。すぐ終わる用事をいくつか先に終わらせてからでもよければ。

vocabulary

□ **nursing home**「養護施設」
□ **be excited to do**「〜してとても喜ぶ」
□ **depressed**「落ち込む」
□ **complain about 〜**「〜に対して不満を述べる」
□ **understandable**「理解できる」
□ **used to 〜**「かつては〜だった」

□ **overseas**「海外で」
□ **kill**「〜（時間など）をつぶす」
□ **mind 〜ing**「〜するのを気にする」
□ **errands**「用事」
□ **quick**「急ぎの」

★問題ないよ。一緒に行って付き合ってあげるよ。
☆わかった。つもる話がたくさんあるわね。
★質問：男性は次に何をするつもりですか。

選択肢と訳
1 Visit his parents.
2 Wait at a restaurant.
3 Join the woman on her errands.
4 Get some tickets for the concert.

1 両親を訪ねる。
2 レストランで待つ。
3 女性の用事についていく。
4 コンサートのためにチケットを買う。

解説 海外で働いている男性が帰国中に知り合いの女性にばったり会ったという状況。質問は What is the man going to do next?（男性は次に何をするつもりですか）。未来形を使った男性の最後の発言の I'll come along and keep you company（一緒に行って付き合ってあげるよ）が解答の根拠になります。直前の女性の発言には、I'd love to, if you don't mind me running a few quick errands first.（喜んで。すぐ終わる用事をいくつか先に終わらせてからでもよければ）とあるので、男性は女性の用事に付き合ってあげることがわかります。したがって正解は **3**。
1 は帰国の目的ですが、次にすることではありません。**2**、**4** とも、lunch や concert から連想されるひっかけです。

(7) **解答** **4**

▶放送された英文

☆ Hello. I'm here to see Armand White.
★ I'm afraid Mr. White's in meetings all day today. Did you make an appointment with him?
☆ Actually, no. I heard there was an opening in sales here, so I decided to stop by.
★ I see. Well, if you'd like to leave a résumé, I'll pass it on to Human Resources.
☆ If I came back later, could I give it to Mr. White in person?
★ Sorry, that's out of the question.
★ Question: What does the man tell the woman?

日本語訳
☆こんにちは。アーマンド・ホワイトさんに会いに来ました。
★すみませんが、ホワイトさんは本日終日会議に出ています。彼と約束はされましたか。
☆実はしていません。こちらの営業部に就職口があると聞いたので、立ち寄ることにしました。
★わかりました。履歴書を置いていきたければ、私が人事部に渡しておきますよ。
☆後で来れば、直接ホワイトさんに渡すことはできますか。
★すみませんが、それはできません。
★質問：男性は女性に何を伝えていますか。

選択肢と訳
1 Her appointment has been canceled.
2 Armand White is out of the office today.
3 There are no positions available.
4 She can leave her résumé with him.

1 彼女の約束はキャンセルされていた。
2 アーマンド・ホワイトは今日オフィスにいない。
3 空いている職がない。
4 彼女は履歴書を彼に預けることができる。

---

vocabulary

□ **come along**「一緒に付いていく」

□ **keep _A_ company**「Aに付き合う」

□ **catch up on**「（遅れや不足などを）取り戻す」

□ **opening**「就職口」

□ **sales**「営業部」

□ **stop by**「立ち寄る」

□ **résumé**「履歴書」

□ **pass _A_ on to _B_**「AをBに渡す」

□ **Human Resources**「人事部」

□ **in person**「直接、直に」

□ **out of the question**「許されていない、不可能な」

□ **position**「職」

□ **available**「空いている」

□ **leave _A_ with _B_**「AにBを託す、預ける」

解説 女性の 2 回目の発言の I heard there was an opening in sales here（こちらの営業部に就職口があると聞いた）から、女性は就職希望者で、男性は会社の従業員だとわかります。質問は What does the man tell the woman?（男性は女性に何を伝えていますか）。男性の 2 回目の発言に if you'd like to leave a résumé, I'll pass it on to Human Resources（履歴書を置いていきたければ、私が人事部に渡しておく）とあるので、正解は **4**。

1 は女性はもともと会う約束をしていなかったので誤り。**2** は男性の最初の発言に Mr. White's in meetings all day today（ホワイトさんは本日終日会議に出ている）とあるので誤り。**3** は女性は就職口があると聞いて会社に立ち寄ったので、会話の内容と矛盾します。

---

(8) **解 答** **1**

▶ 放送された英文

☆ Excuse me, I've been in this line for 20 minutes now, and it has barely moved.
★ I apologize, ma'am. The flu has left us understaffed this morning. Half of our clerks are off sick. Perhaps I can direct you to an ATM.
☆ Actually, I want to transfer some money, not make a deposit or withdrawal.
★ You can do that at an ATM. I'd be happy to help.
☆ Oh, thanks. I've never used one for that kind of transaction before.
★ Question: What does the man offer to do?

日本語訳
☆すみません。この列にもう 20 分並んでいるのですが、ほとんど進まないんです。
★申し訳ございません、お客さま。インフルエンザのために今朝は人手が不足しているんです。行員の半分が病欠です。よろしければ ATM までご案内いたします。
☆実は、預金でも引き出しでもなくて、送金をしたいのです。
★ ATM でできますよ。お手伝いいたします。
☆まあ、ありがとう。そういう取引に ATM を使ったことが一度もなかったの。
★質問：男性は何をすると申し出ていますか。

選択肢と訳
1 Show the woman how to make a transfer.
2 Direct the woman to another branch.
3 Take the woman to an available clerk.
4 Keep the woman's place in the line.

1 女性に送金方法を教える。
2 女性を別の支店に案内する。
3 女性を手の空いている行員のところに連れて行く。
4 列に女性の場所を取っておく。

解説 ATM、transfer（送金する）、deposit（預金）、withdrawal（引き出し）といった語句から、銀行でのやり取りだとわかります。質問は What does the man offer to do?（男性は何をすると申し出ていますか）です。男性の 2 回目の発言の I'd be happy to help.（喜んでお手伝いします）が解答のヒントとなります。何を手伝うかは直前の女性と男性とのやり取りに、
　女性：I want to transfer some money（私は送金したい）
　男性：You can do that at an ATM.（それは ATM でできます）
とあり、男性の言っている that は女性の transfer some money を指すので、正解は **1**。
2 は男性の発言の I can direct you to an ATM（ATM に案内する）から連想されるひっかけの選択肢。**3** は述べられていません。**4** は line や help という単語から連想されるひっかけの選択肢です。

---

vocabulary

☐ **line**「列」
☐ **barely**「ほとんど〜ない」
☐ **flu**「インフルエンザ」
☐ **leave O C**「O を C のままにする」

☐ **understaffed**「人員不足の」
☐ **be off sick**「病欠である」
☐ **direct A to 〜**「A への道を教える」

☐ **transfer 〜**「〜を送る」
☐ **deposit**「預金」
☐ **withdrawal**「引き出し」
☐ **transaction**「取引」
☐ **branch**「支店」

(9) **解答** **1**

放送された英文

★Have you done your company medical checkup, Pam?
☆I went last week. You?
★Not yet. I skipped it last year, so I suppose I should make an effort this time.
☆Didn't you say your family has a history of diabetes and high cholesterol?
★Yeah, my granddad and my dad.
☆Well, you should really get checked out, then.
★I've just been so busy.
☆Come on, that's no excuse.
☆Question: Why is the woman concerned about the man?

日本語訳

★パム、会社の健康診断は受けた？
☆先週行ったわ。あなたは？
★まだ。去年受けなかったから、今回は頑張って受けなきゃと思っているんだ。
☆あなたの家族は糖尿病と高コレステロールの病歴があるって言っていなかった？
★うん、祖父と父だね。
☆じゃあ、ほんとに調べてもらった方がいいわ。
★とにかくとても忙しくてね。
☆あのねえ、言い訳はなしよ。
☆質問：なぜ女性は男性の心配をしていますか。

選択肢と訳

1 He may have inherited health problems.
2 He fails to follow his doctor's advice.
3 He often forgets appointments.
4 He is stressed from overwork.

1 健康上の問題を遺伝で受け継いでいるかもしれない。
2 医者の助言を守れない。
3 しばしば約束を忘れる。
4 過労によるストレスがたまっている。

解説 健康診断を受けた女性とまだ受けていない男性の会話で、女性は男性の健康を心配しています。質問は Why is the woman concerned about the man?（なぜ女性は男性の心配をしていますか）。女性は最後の発言で you should really get checked out, then.（じゃあ、ほんとに調べてもらった方がいい）と心配しています。解答のポイントは then（それなら）が何を指すのかです。その前には、

女性：Didn't you say your family has a history of diabetes and high cholesterol?
（あなたの家族は糖尿病と高コレステロールの病歴があるって言っていなかった？）
男性：Yeah, my granddad and my dad
（うん、祖父と父だね）

というやり取りがあるので、your family has a history of ～（家族に～の病歴がある）を inherit health problems「健康上の問題を遺伝で受け継いでいる」で言い換えた **1** が正解。
2、**3** は会話の中で述べられていません。**4** は男性は I've just been so busy.（とにかくとても忙しい）とは述べていますが、「ストレスがたまっている」とは言っていません。

vocabulary

□ **medical checkup**「健康診断」

□ **skip**「～を休む」

□ **make an effort**「努力する」

□ **diabetes**「糖尿病」

□ **high cholesterol**「高コレステロール」

□ **That's no excuse.**「言い訳はできない。」

□ **inherit**「～を受け継ぐ」

□ **fail to** *do*「～し忘れる」

□ *be* **stressed from ～**「～からストレスを受ける」

80

(10) 解答 **2**

▶放送された英文
☆Honey, the TV remote control isn't working.
★Really? I just changed the batteries.
☆Well, it does get dropped all the time. I think we need a new one.
★Why don't we just get a new TV? Ours is pretty old, and it'd be nice to watch the soccer on a wide screen.
☆We can't really afford it at the moment.
★I guess you're right. I'll stop by the electronics store later and buy a replacement, then.
☆Thanks.
☆Question: What will the man do?

日本語訳
☆あなた、テレビのリモコンが使えないの。
★本当？　電池を換えたばかりなんだけど。
☆うーん、いつも落としてばかりいるから。新しいのが必要だと思うんだけど。
★新しいテレビを買うのはどう？　うちのはとても古いし、大きい画面でサッカーを見るのはすてきだと思うよ。
☆今はとても買う余裕がないわ。
★その通りだろうね。それなら、あとで家電店に寄って代わりを1つ買ってくるよ。
☆ありがとう。
☆質問：男性は何をするつもりですか。

選択肢と訳
1 Purchase a wide-screen TV.
2 Get a new remote control.
3 Buy some more batteries.
4 Take the TV to be repaired.

1 画面の大きいテレビを買う。
2 新しいリモコンを買う。
3 電池を買い足す。
4 テレビを修理に出す。

解説　電池を換えたばかりなのに機能しないリモコンをめぐる会話。新しいのを買おうと言う女性に、男性は「それならテレビを買おう」と提案しますが、we can't really afford it (それを買う余裕がない) と却下されます。その結果、男性は最後の発言でI'll ... buy a replacement (代わりのものを買う) と言っていますが、「代わりのもの」とは a new remote control のことなので、正解は **2**。
1 は「買う余裕がない」という会話の内容に矛盾しています。**3** はバッテリーを換えたという発言はあるが、買い足すという話はないため不可。**4** はテレビが壊れたわけではなく、修理もしないため不可。

vocabulary

- battery「電池」
- get *done*「～される」
- all the time「いつも」
- S can't afford ～.「～を買う余裕がない」
- at the moment「今は」
- electronics store「家電店」
- replacement「代替品、代用品」
- take A to be repaired「Aを修理に出す」

(11) 解答 **3**

▶放送された英文
☆Jeremy, have you finished preparing the slides for our presentation tomorrow?
★Not yet, Ms. Itoh. I got sidetracked working on the budget proposal.
☆Well, could you put that aside and finish off the slides and charts, please? Remember, we're rehearsing our presentation from four.
★Sure thing. I'll have them ready by three, at the latest.
☆Question: What does the woman tell the man to do?

日本語訳
☆ジェレミー、明日のプレゼン用のスライドは準備できたの？
★まだです、イトウさん。予算案の仕事に時間を取られてしまって。
☆そうなのね。それは脇に置いといて、スライドとグラフを仕上げてくれるかしら？　4時からそのプレゼンのリハーサルをするのを覚えておいて。
★わかりました。遅くとも3時までに準備しておきます。
☆質問：女性は男性に何をするように言っていますか。

選択肢と訳
1 Start practicing for his speech.
2 Calculate how long the presentation will take.
3 Finish preparing the materials for their talk.

- get sidetracked「横道にそれる、脱線する」
- budget「予算」
- proposal「案」
- put A aside「Aを脇に置いておく」
- chart「グラフ」
- rehearse「リハーサル」
- at the least「遅くとも」
- calculate「計算する」

81

4 Present the budget proposal.

1 男性のスピーチの練習を始める。
2 プレゼンテーションにかかる時間を計算する。
3 彼らの講演用の資料の準備を終わらせる。
4 予算案を提示する。

解説 プレゼンテーションに必要なスライド作成の進捗を尋ねる女性と、それに答える男性の会話です。質問は「女性は男性に何をするように言っているか」で、女性の2回目の発言の、could you put that aside and finish off the slides and charts, please?（それは脇に置いといて、スライドとグラフを仕上げてくれますか）が解答根拠となります。この発言の finish off the slides and charts を finish preparing the materials（資料の準備を終える）と言い換えた **3** が正解となります。ちなみに、女性のこの発言にある put that aside の that が指すものは、直前に男性が発言した budget proposal（予算提案）のことです。
選択肢 **1** や **2** は述べられておらず、**4** は女性の最後2回目の発言と矛盾します。

---

(12) **解答 1**

▶放送された英文

☆How's that new camera you bought, Rasheed?
★Not so good, Sara. The autofocus stopped working three days after I got it. It's under warranty, though.
☆Did the store give you another camera?
★Actually, they sent it to the manufacturer for repair.
☆Really? Stores normally replace brand-new items that don't work properly.
★I know. I complained about that, but they said it was store policy.
★Question: Why did Rasheed complain?

日本語訳 ☆ラシード、あなたが買った新しいカメラはどう？
★あんまりよくないんだよ、サラ。買ってから3日後にオートフォーカスが作動しなくなったんだ。保証期間中ではあるんだけれどね。
☆お店は別のカメラをくれたの？
★実は、お店は修理のためにメーカーに送ったんだ。
☆ほんと？　店は普通、正常に作動しない新品は交換するわよ。
★そうだよ。クレームをつけたんだけれど、それが店の方針だって言ったんだ。
★質問：ラシードはなぜクレームをつけましたか。

選択肢と訳 **1 The store would not give him a replacement camera.**
2 The manufacturer did not repair his camera properly.
3 The store did not have the same camera in stock.
4 The warranty on his camera did not cover the repairs.

1 店が彼にカメラの交換品を与えなかった。
2 メーカーがカメラを適切に修理しなかった。
3 店が同じカメラの在庫を持っていなかった。
4 彼のカメラの保証は、修理を保証の対象にしていなかった。

解説 女性が、新しいカメラを買った男性にそのカメラについて尋ねると、男性はカメラの調子が悪く、買ったばかりなのに交換してもらえず修理になったと不満を述べています。質問は「ラシードはなぜクレームをつけたか」で、解答根拠は、
（男性）Actually, they sent it to the manufacturer for repair.
（女性）Really? Stores normally replace brand-new items that don't work properly.
（男性）I know. I complained about that ...
の部分です。男性の最後の発言にある that は直前の女性の発言内容を指しており、その女性の発言を The store would not give him a replacement camera.（お店がカメラの交換品を与えなかった）と言い換えた **1** が正解です。
選択肢 **2** 男性の2回目の発言 they sent it to the manufacturer for repair.（お店はそれ（＝カメラ）を修理のためにメーカーに送った）と矛盾します。選択肢 **3** は述べられておらず、**4** は、男性の最初の発言 It's under warranty（それ（＝カメラ）はまだ保証期間中だ）と矛盾します。

---

vocabulary

□ **autofocus**「オートフォーカス」

□ **warranty**「保証期間」

□ **manufacturer**「メーカー、製造者」

□ **repair**「修理」

□ **replace**「交換する」

□ **brand-new**「新しい」

□ **properly**「正常に」

□ **complain about ～**「～についてクレームをつける」

□ **replacement**「交換」

□ **in stock**「在庫」

(13) 解答 **4**

> 放送された英文
★Olivia, what do you think about the internship I'm applying for?
☆To be honest, I'm not sure it's a good idea.
★It's only one day a week, so it wouldn't interfere with my research.
☆But the company's very similar to the one where you did your last internship.
★True, but it's a better company.
☆Well, I think you should do one in another business field to learn something new.
☆Question: What does Olivia think the man should do?

日本語訳
★オリビア、僕が申し込むつもりのインターンシップについてどう思う？
☆正直なところ、いい考えじゃないかも。
★週にたった1回だから、研究の妨げにはならないよ。
☆でも、その会社は、あなたがこの前インターンシップをやった会社にとてもよく似ているわ。
★その通りだけど、もっといい会社だよ。
☆うーん、私は、別の業種でインターンをやって新しいことを身に付けるべきだと思うの。
☆質問：オリビアは、男性は何をすべきだと考えていますか。

選択肢と訳
1 Get a job instead of an internship.
2 Look for an internship with a flexible schedule.
3 Postpone the internship until his research is finished.
4 Find an internship that will broaden his knowledge.

1 インターンシップではなく就職する。
2 日程の自由が利くインターンシップを選ぶ。
3 彼の研究が終わるまで、そのインターンシップを延期する。
4 彼の知識を広げるようなインターンシップを見つける。

解説
男性は、これから行おうとしているインターンシップに関して女性に意見を求めています。そのインターンシップに対して女性は最初の発言でI'm not sure it's a good idea.（いい考えとは思えない）と述べ、その後も一貫して賛成していません。その理由は、今回男性が行うインターンが前回のものと似ているからであり、最後の発言で女性は男性に対して、you should do one in another business field to learn something new.（別の業種でインターンをやって新しいことを身に付けるべきだ）と述べています。この部分が解答根拠になり、learn something newをbroaden his knowledge（知識を広げる）と言い換えた**4**が正解となります。女性の最後の発言にあるoneはinternshipを指しています。代名詞の内容もしっかり理解しましょう。
選択肢**1～3**については述べられていません。

vocabulary

- □ **internship**「インターンシップ」
- □ **apply for ～**「～に申し込む」
- □ **to be honest**「正直なところ」
- □ **interfere with ～**「～の妨げになる」
- □ **similar to ～**「～に似ている」
- □ **instead of ～**「～の代わりに、～ではなく」
- □ **look for ～**「～を探す」
- □ **flexible**「自由が利く」
- □ **postpone**「延期する」
- □ **broaden**「広げる」

Theme 7 文の内容一致選択問題をおさえよう！

●ポイント解説　　　　　　　　　　　　　　　　　リスニングPart 2に対応

Point① 準1級の文の内容一致選択問題はどんな問題？

○パッセージを聞き、その内容に関する質問の答えとして適切な選択肢を選ぶ問題。
○問題数：12問
　※1つのパッセージに対して問題が2問あります。
○放送回数：1回
○問題用紙には選択肢のみ記載されています。

Point② 準1級の文の内容一致選択問題の攻略方法とは？

Part 2 でも、気をつける点は原則 Part 1 と同じです。

① 話し手の立場・テーマの理解
② 代名詞に注意
③ 言い換えに注意

Part 2 ではこの中でも①がさらに大切になってきます。放送文のテーマは冒頭で述べられることが多いので、聞き逃さないようにしましょう。テーマは多岐にわたりますが、なじみのない固有名詞が出てくる場合、その特徴などは設問で問われることが多いので、固有名詞の説明がなされているところは注意が必要です。
また、設問は放送文の前半から1問、後半から1問出題されますので、前半の内容、後半の内容ともに内容をしっかり整理しましょう。細部までをしっかり聞くことができるのが理想ですが、質問では概要が問われることも多いので、少なくとも大まかな流れはきちんと理解しましょう。特徴的な単語や表現をメモしながら聞いていくことも有効です。

では、例題を解きながら、解答のポイントを説明します。

【 例 題 1 】　　　　　　　　　　

No. 1
1 Few runners complete the race.
2 It now takes place in many states.
3 Runners must compete in teams.
4 It was designed to keep prisoners fit.

No. 2
1 By making runners collect pages from books.
2 By asking volunteers to monitor runners.
3 By having runners report on each other.
4 By changing the route regularly.

（2019年度第1回 (15)）

放送された英文

★ The Barkley Marathons

The Barkley Marathons, a race held in the US state of Tennessee, was inspired by a well-known prison escape. The prisoner spent over 50 hours on the run, traveling through mountainous, heavily forested land. In the race, runners attempt to complete a 160-kilometer course within 60 hours, with little or no sleep. Only a small number of them cross the finish line, while many others get lost or quit.

The Barkley Marathons is organized by just one man, Gary Cantrell. Unlike most races, there are no people monitoring to prevent cheating, and there are no volunteers to guide runners. To keep competitors honest, Cantrell leaves books at various locations along the route. Runners each have a race number, and they must take the pages that match their number. By doing this, they can show that they have completed the race.

☆ Questions
☆ No. 1 What is true about the Barkley Marathons?
☆ No. 2 How does Gary Cantrell prevent cheating?

解説

放送文の冒頭でThe Barkley Marathonsという固有名詞が出てきますので、どのようなマラソンなのかの説明が続くはずです。このマラソンの特徴は、

inspired by a well-known prison escape（有名な脱獄から着想を得た）

とあり、その脱獄は、

spent over 50 hours on the run（（その囚人は）50時間以上走った）
traveling through mountainous, heavily forested land
（（その囚人は）森林におおわれた山々の中を走った）

とあります。そして、実際のレースは、

a 160-kilometer course within 60 hours, with little or no sleep
（ほぼ、またはまったく眠らずに、60時間以内に160キロのコースを）

と説明されています。
これだけでも、「過酷なマラソン」であることがわかりますが、第1段落の最終文にはさらに、

Only a small number of them cross the finish line, while many others get lost or quit.
（ほんの一握りのランナーしかゴールラインを切れず、多くは道に迷うか棄権する）

とあるので、やはりとても過激なマラソンだと言えます。

質問No. 1はWhat is true about the Barkley Marathons? ですが、「とても過酷なマラソンで、完走者がほとんどいない」ということがわかっていれば、選択肢1のFew runners complete the race.（ほとんどのランナーは完走しない）が正解とわかります。そのマラソンがどのようなものかの概要がつかめれば、正解にたどり着けるでしょう。

また、放送文の中盤からは、Gary Cantrellという固有名詞（人物）が出てきますので、放送文の中盤～終盤はこの人物とマラソンの関係の話になると予想がつきます。従って、前半同様、この人物の特徴や業績などに注意をしましょう。
後半では、カントレルがto keep competitors honest（レースに参加している人たちがウソをつかないように）するために何を行うかが述べられています。

leave books（本を置いておく）

they（＝ runners）must take the pages（ランナーはページを取って行く）

などという表現がキーワードで、ランナーに自身の番号と同じページを取らせることで不正を防いだとわかります。よって、質問No. 2 How does Gary Cantrell prevent cheating? の答えは、**1**「ランナーに本からページを集めさせることによって」となります。

この質問は放送文の最後のBy doing this, they can show that they have completed the race.（こうすることで、彼らはレースを完走したことを証明できる）のdoing thisの内容を聞き取れているかを問う問題です。代名詞の内容を把握することはPart 1 同様とても大切ですが、放送文の流れをきちんと整理しながら聞いていれば、代名詞の内容も理解できるはずです。

解答　No. 1　**1**　No. 2　**1**

日本語訳

バークレイ・マラソン

　バークレイ・マラソンはアメリカのテネシー州で行われるレースで、有名な脱獄から着想を得ました。その囚人は50時間以上かけて森林におおわれた山々の中を走りました。このレースでは、ランナーたちはほぼ、またはまったく眠らずに、60時間以内に160キロのコースを走り切ることに挑みます。ほんの一握りのランナーしかゴールラインを切れず、多くは道に迷うか棄権します。

　バークレイ・マラソンはゲイリー・カントレルというたった1人の人間によって運営されています。ほとんどのレースとは異なり、不正を防ぐために監視する人々はおらず、ランナーを誘導するボランティアもいません。レースに参加している人たちがウソをつかないよう、カントレルはルートに沿ったさまざまな場所に本を置いておきます。ランナーたちはそれぞれ番号を与えられており、その番号と一致するページを取って行かねばなりません。こうすることで、彼らはレースを完走したことを証明できるのです。

質問：

No. 1　バークレイ・マラソンについて正しいことは何ですか。

No. 2　ゲイリー・カントレルはどのように不正を防ぎますか。

（選択肢）

No. 1

1 ほとんどのランナーは完走しない。

2 今は多くの州で行われている。

3 ランナーはチームとなって競走しなければならない。

4 囚人の健康を保つために作られた。

No. 2

1 ランナーに本からページを集めさせることによって。

2 ボランティアにランナーを監視するよう依頼することによって。

3 ランナーに互いに報告させることによって。

4 定期的にルートを変更することによって。

【例題 2】

No. 3
1 They eat more than horses.
2 They can move over difficult ground.
3 They cannot pull heavy wagons.
4 They have relatively poor eyesight.

No. 4
1 They sometimes attacked wagon drivers.
2 They often suffered leg injuries.
3 They required large amounts of water.
4 They sometimes refused to obey orders.

(2019年度第2回(21))

放送された英文

☆**The Mule and the American West**

When most people think about the settling of the American West, they imagine people crossing the country in wagons pulled by horses. However, the mule, an animal created by breeding a female horse with a male donkey, was preferred by pioneers. Mules are strong but weigh less and eat less than horses. They also suffer fewer leg injuries, and they can see things to the side more easily. Pioneers found that these characteristics made mules more suitable for traveling over ground that was steep, uneven, or rocky.

One disadvantage, however, was that, unlike horses, which follow almost any command given to them, mules generally do what they want. For example, wagon drivers often experienced great difficulties in getting mules to cross rivers that the animals thought might be dangerous. Despite this disadvantage, westward journeys would have been nearly impossible without them.

★Questions
★No. 3 What is one thing we learn about mules?
★No. 4 Why was using mules problematic?

解説

前半では、ラバがかつてのアメリカ西部で好まれた理由が述べられています。ラバの体や役割に関する特徴的な表現をまとめてみましょう。

> strong
> weigh less
> eat less
> fewer leg injuries
> can see things to the side
> suitable for traveling over ground that was steep ...

この程度の情報をメモに残せるとよいと思います。メモは英語にこだわる必要はなく、

「強い、重↓、食べない、ケガなし、横が見える、移動に○」

など、日本語や記号で書いてもよいです。**簡単なメモを取りながら放送文を聞くと内容にもより集中できるの**

で、おすすめです。上記のメモがあれば、質問No. 3のWhat is one thing we learn about mules? の答えは、**2** They can move over difficult ground. とわかります。

この問題はメモを使った消去法も有効で、**1** のeat moreはメモに矛盾、**3** のcannot pullは述べられていない（そもそも、第1段落ではmuleの長所を述べているので、cannotが使われている選択肢はおかしい）、**4** のpoor eyesightもメモに矛盾するので、**2** が正解とわかります。

第2段落冒頭にOne disadvantage, however 〜とあるので、以降はラバの欠点が述べられます。その欠点は

　　　mules generally do what they want　　（ラバはだいだい、自分のしたいことをする）

とあります。この直前にある、

　　　unlike horses, which follow almost any command（ほぼどんな命令にも従う馬とは異なり）

の部分も聞き取れていれば、ラバの欠点をしっかり理解できるでしょう。つまり、

　　　馬……命令に従う　　／　　ラバ…命令を聞かない

と整理できます。放送文ではこの後For exampleと続き、「命令に従わない具体例」が述べられています。
質問No. 4 はWhy was using mules problematic? （なぜラバを使うことは問題がありましたか）ですが、放送文の名詞disadvantageが形容詞のproblematic（問題のある）と言い換えられています。
正解は **4** のThey sometimes refused to obey orders. ですが、このrefused to obey orders（命令に従うのを拒む）は本文のdo what they wantの言い換えと考えられます。
また、放送文では、馬はfollow almost any commandだがラバはそうしないとあり、放送文のfollowが選択肢ではobey、commandがorderに言い換えられていることに気づくのもポイントです。
リスニングのPart 1と同様に、**言い換えはしっかりと見抜けるように練習しましょう。**

解答　No. 3　**2**　　No. 4　**4**

日本語訳

ラバとアメリカ西部

　　多くの人々はアメリカ西部での入植のことを考えるとき、馬に引かれた荷馬車で大地を横断する人々を想像します。しかし、メスの馬とオスのロバを交配させることで生まれたラバの方が開拓者に好まれました。ラバは体が頑丈だが馬ほど重くなく、馬ほどたくさん食べません。ラバはまた、あまり脚をけがすることもなく、馬よりたやすく、横にある物を見ることができます。こうした特長があるので、急で、でこぼこで岩場の多い土地を進むのにラバの方が適していると開拓者は思いました。

　　しかし、1つの欠点は、与えられたほぼどんな命令にも従う馬とは異なり、ラバはだいだい、自分のしたいことをします。例えば、荷馬車の御者はよく、ラバが危険そうだと思う川を渡らせるのにとても苦労しました。この欠点にもかかわらず、西部の旅は彼らなしではほとんど不可能だったでしょう。

質問：
No. 3　ラバについてわかる1つのことは何ですか。
No. 4　なぜラバを使うことは問題がありましたか。

（選択肢）

No. 3
1 馬よりもたくさん食べる。
2 歩きにくい地面を移動できる。
3 重い荷馬車を引くことができない。
4 比較的に視力が弱い。

No. 4
1 荷馬車の御者を襲うことがあった。
2 しばしば脚のけがをした。
3 大量の水を必要とした。
4 命令に従うのを拒むことがあった。

このPartでも、以下のことに気をつけましょう。
①話し手の立場・テーマの理解
②代名詞に注意
③言い換えに注意
これらをふまえてトレーニング問題にとりくみましょう。

Theme 7 トレーニング問題

ここから10問の文の内容一致選択問題にチャレンジしましょう。音声を聞き、聞こえた質問の答えとして適切なものを選択肢から選びましょう。

(1)

No.1
1 Building dams to block rivers.
2 Digging deep beneath the ground.
3 Drilling holes in rocks.
4 Separating gold from lighter materials.

No. 2
1 Where the level of a river suddenly changes.
2 Where the current of a river is strongest.
3 Where a river suddenly becomes narrower.
4 Where a river is shallow and wide.

(2019年度第2回 (13)(14))

(2)

No. 3
1 Standing meetings took longer than sit-down meetings.
2 Standing meetings had little impact on decisions.
3 Participants preferred sit-down meetings.
4 Sit-down meetings helped people to be creative.

No. 4
1 They may be unfair to some participants.
2 They can encourage people to be too casual.
3 They may harm young people's physical health.
4 They can lead to lengthier negotiations.

(2019年度第2回 (19)(20))

(3)

No. 5
1 Customers want products that last.
2 Market research is unnecessary.
3 Advertising should explain concepts simply.
4 Products should be made from recycled materials.

No. 6
1 Focusing on design details.
2 Listening to advice from financial experts.
3 Keeping investors happy.
4 Sharing technology with each other.

(2019年度第2回 (23)(24))

(4)

No. 7

1 He found a way to grow penicillin on fruit.

2 He tested penicillin on human patients.

3 He recommended using penicillin for cleaning.

4 He sold equipment for producing penicillin.

No. 8

1 Penicillin was produced in large amounts.

2 People understood the dangers of bacteria.

3 A new kind of disease was cured.

4 Other antibiotic drugs were developed.

(2019年度第1回 (23) (24))

(5)

No. 9

1 Find ways to get feedback from the public.

2 Modify the content of existing shows.

3 Predict which shows audiences would like.

4 Hire people to perform in new shows.

No. 10

1 Executives listen carefully to audiences' opinions.

2 Executives are strongly influenced by creators' opinions.

3 Audiences' tastes change regularly.

4 Creators are better at judging the ideas of others.

(2019年度第1回 (17) (18))

(6)

No. 11

1 It had little impact on Sri Lanka.

2 It badly affects arabica coffee.

3 It has recently begun to affect other plants.

4 It was first discovered in Colombia.

No. 12

1 They were difficult to grow.

2 They were expensive to produce.

3 Their taste and smell were not good enough.

4 Their resistance did not last.

(2019年度第1回 (19) (20))

(7)

No. 13

1 They are motivating people to stay fit.

2 They have helped young actors gain popularity.

3 They can make people feel better about themselves.

4 They have led to increased sales of smartphones.

No. 14

1 People sometimes put themselves in danger to take selfies.

2 People often harm wild animals while taking selfies.

3 Selfies encourage people to spend too much time online.

4 Selfies can lead to online bullying.

(2018年度第3回 (19) (20))

□ (8) No. 15
1 They treated them for injuries.
2 They helped them regain weight.
3 They looked for physical changes.
4 They trained them for further missions.

No. 16
1 Their organs could cope well with weightlessness.
2 Their behavior was suited to space travel.
3 They could fit easily in a space capsule.
4 They were capable of learning tasks quickly.

(2018年度第3回 (17)(18))

□ (9) No. 17
1 They create high-paying jobs.
2 They help residents overcome social divisions.
3 Their guards are often former police officers.
4 Their crime rates do not stay low for long.

No. 18
1 Public facilities may not be built.
2 Property values generally increase.
3 Local taxes tend to rise.
4 Poverty levels tend to fall.

(2018年度第2回 (15)(16))

□ (10) No.19
1 All startup costs are usually paid by the company.
2 Owners can get access to cheaper supplies.
3 Free local advertising is available.
4 Delivery dates for supplies are flexible.

No. 20
1 It can take time to become profitable.
2 Hiring suitable managers can be difficult.
3 Franchise agreements often change.
4 Frequent visits to headquarters are necessary.

(2018年度第2回 (17)(18))

(1) 解答 No. 1 **4**   No. 2 **1**

▶ 放送された英文

☆Placer Mining

Much of the world's gold was formed deep beneath the ground, but it's not always necessary to dig deep mines to find this valuable metal. A technique called placer mining is used to find gold in or near rivers. In this type of mining, machines are often used to collect water, sand, and small stones in huge containers. The materials are then shaken and the lighter substances fall out. Because gold is heavy, it will remain in the bottom of the containers.

Some spots are better for placer mining than others. For example, gold is slowly washed downriver, but because it is heavy, it tends to build up where there is a sudden drop, such as at waterfalls. The falling water creates pools at the bottom of the waterfall that can trap significant amounts of gold. These are the areas that are of most interest to mining companies.

★Questions
★No. 1 What technique does placer mining rely on?
★No. 2 Where are the best areas to find gold when placer mining?

日本語訳   砂鉱床採掘

世界の金の多くは地中の奥深くで形成されたものですが、この貴重な金属を見つけるのに、いつも深く鉱山を掘る必要があるわけではありません。「砂鉱床採掘」と呼ばれる技術が、川の中、あるいは川の近くで金を見つけるために使われます。この種の採掘では、水、砂、小石を巨大なコンテナの中に集めるためによく機械が使われます。その後、それらの物質はふるいにかけられ、より軽量な物質は振り落とされます。金は重いので、コンテナの底に残ります。

他の場所より砂鉱床採掘を行うのに適した場所というのがいくつかあります。例えば、金は下流へとゆっくり押し流されますが、重いので、滝など急に落下する場所にたまる傾向があります。滝を落ちる水は滝つぼによどみを作り、そこに相当量の金を閉じ込めることがあります。こうしたよどみは、採掘会社が最も興味を持つエリアです。

質問
No. 1 砂鉱床採掘にはどんな技術が必要ですか。
No. 2 砂鉱床採掘では、金を見つけるのに一番よい場所はどこですか。

選択肢と訳 No. 1
1 Building dams to block rivers.
2 Digging deep beneath the ground.
3 Drilling holes in rocks.
4 Separating gold from lighter materials.

1 川をせき止めてダムを造る技術。
2 地面の下を深く採掘する技術。
3 岩にドリルで穴を開ける技術。
4 金を、より軽量な物質から分離させる技術。

No. 2
1 Where the level of a river suddenly changes.
2 Where the current of a river is strongest.
3 Where a river suddenly becomes narrower.
4 Where a river is shallow and wide.

1 川の水位が急に変わるところ。
2 川の流れが一番強くなるところ。
3 川が急に狭くなるところ。
4 川が浅くて幅広くなるところ。

解説 金を発見するためのplacer miningという手法について説明した放送文です。

No.1
1つ目の質問はWhat technique does placer mining rely on?（砂鉱床採掘にはどんな技術が必要ですか）。第1段落の3文目In this type以降に、この採掘方法が詳しく述べられています。ポイントは、

① machines are often used to collect water, sand, and small stones in huge containers

vocabulary

- □ **placer mining**「砂鉱床採掘」
- □ **beneath the ground**「地中」
- □ **mine**「鉱山」
- □ **container**「容器」
- □ **shake**「〜を混ぜる、撹拌する」
- □ **substance**「物質」
- □ **fall out**「落ちる」
- □ **spot**「場所、地点」
- □ **downriver**「下流へ（で）」
- □ **build up**「集まる」
- □ **pool**「よどみ」
- □ **trap**「〜を閉じ込める」
- □ **significant**「かなりの、大量の」
- □ **of interest**「興味深い」
- □ **rely on 〜**「〜を必要とする、〜を頼る」
- □ **block**「〜をせき止める」
- □ **drill**「（穴）を空ける」
- □ **current**「流れ」
- □ **shallow**「浅い」

（水、砂、小石を巨大なコンテナの中に集めるためによく機械が使われる）

②The materials are then shaken and the lighter substances fall out
（それらの物質はふるいにかけられ、より軽量な物質は振り落とされる）
この The materials とは、①の文の water, sand, and small stones を指しています。

③Because gold is heavy, it will remain in the bottom of the containers.
（金は重いので、コンテナの底に残る）

この中の②③が解答根拠となり、正解は **4** だとわかります。選択肢の lighter materials は放送文の lighter substances を言い換えたものです。

1 は述べられていません。**2** 第1段落1文目に it's not always necessary to dig deep mines（いつも深く鉱山を掘る必要があるわけではない）とあるので誤り。**3** は dig や mining（採掘）から連想されるひっかけの選択肢。

No. 2

2つ目の質問は Where are the best areas to find gold when placer mining?（砂鉱床採掘では、金を見つけるのに一番よい場所はどこですか）。第2段落冒頭の Some spots are better for placer mining than others.（他の場所より砂鉱床採掘を行うのに適した場所というのがいくつかある）以下をしっかり聞き取ります。同段落2文目には it（＝gold）tends to build up where there is a sudden drop, such as at waterfalls（滝など急に落下する場所にたまる傾向がある）とあります。従って、正解は **1**。放送文の a sudden drop, such as at waterfalls を Where the level of a river suddenly changes.「川の水位が急に変わるところ」と言い換えています。

2〜4 はすべて、第2段落のキーワードである川から連想されるひっかけの選択肢。

---

(2) **解答** No. 3 **2** No. 4 **1**

▶**放送された英文**

★To Stand or to Sit?

In recent years, standing meetings have become more popular at many companies. To study the effects of such meetings, researchers at the University of Missouri conducted an experiment in which participants did group problem-solving exercises while either standing or sitting down. The researchers had predicted that the standing groups would rush and make poor decisions. Although the standing groups did take less time to complete their tasks, their decisions were mostly the same as those of the sitting groups.

Standing meetings have their critics, however. Business consultant Bob Frisch argues that when people are standing, the physical differences between them become more important. This can lead to shorter people feeling nervous and therefore being less likely to share their thoughts. Additionally, young people's greater physical stamina could give them an advantage if a negotiation during a standing meeting becomes lengthy.

☆Questions
☆No. 3 What did the University of Missouri study reveal?
☆No. 4 What is one criticism Bob Frisch has of standing meetings?

日本語訳

立つか座るか

近年、多くの会社で立って行う会議の人気が高くなっています。このような会議の効果を研究するため、ミズーリ大学の研究者たちは、参加者が立ったまま、あるいは座ったまま、グループで問題解決の演習を行うという実験をしました。研究者たちは、立っているグループは事を急いで不適切な決断をしてしまうと予想していました。立っているグループは課題達成に時間がそれほどかかりませんでしたが、結論はほぼ、座っているグループと変わりませんでした。

しかし、立って行う会議にはそれを批判する人もいます。ビジネス・コンサルタントのボブ・フリッシュは、人は立っているときに、互いの身体的な違いがより重要になると主張しています。このことは背の低い人を不安にさせるため、考えを共有しなくなりやすいのです。さらに、若い人のよりすぐれた身体的なスタミナは、立って行う会議の交渉が長くなると彼らを有利にする可能性があります。

質問
No. 3　ミズーリ大学の研究は何を明らかにしましたか。

---

vocabulary

□ **group problem-solving**「集団的問題解決（をすること）」

□ **predict**「予想する」

□ **critic**「批判する人」

□ **rush**「急ぐ」

□ **stamina**「スタミナ、持続力」

□ **negotiation**「交渉」

□ **lengthy**「非常に長い」

□ **reveal**「〜を明らかにする」

□ **criticism**「批評」

No.4 ボブ・フリッシュが、立って行う会議に対して持っている1つの批判は何ですか。

選択肢と訳 No.3
1 Standing meetings took longer than sit-down meetings.
2 Standing meetings had little impact on decisions.
3 Participants preferred sit-down meetings.
4 Sit-down meetings helped people to be creative.

1 立って行う会議は座っての会議よりも時間がかかった。
2 立って行う会議はほとんど結論に影響がなかった。
3 参加者は座って行う会議を好んだ。
4 座って行う会議は人々を創造的にする手助けをした。

No.4
1 They may be unfair to some participants.
2 They can encourage people to be too casual.
3 They may harm young people's physical health.
4 They can lead to lengthier negotiations.

1 ある参加者にとっては不公平かもしれない。
2 人々をあまりにもざっくばらんにさせる可能性がある。
3 若者の体の健康に悪影響を与えるかもしれない。
4 より長い交渉になる可能性がある。

解説 立って行う会議の賛否に関する放送文です。

No. 3
1つ目の質問はWhat did the University of Missouri study reveal?(ミズーリ大学の研究は何を明らかにしましたか)。第1段落2文目 researchers at the University of Missouri conducted an experiment(ミズーリ大学の研究者たちは実験を行った)以降の情報を整理しながら聞き取ることがポイントです。実験の内容は participants did group problem-solving exercises while either standing or sitting down(参加者が立ったまま、あるいは座ったまま、グループで問題解決の演習を行うという実験をした)で、その結果は第1段落の最終文に、Although the standing groups did take less time to complete their tasks, their decisions were mostly the same as those of the sitting groups.(立っているグループは課題達成に時間がそれほどかかりませんでしたが、結論はほぼ、座っているグループと変わりなかった)とあります。この結論を little impact(影響がほとんどない)と言い換えた**2**が正解です。
1は研究が明らかにしたことと逆のことを言っているので誤り。**3**と**4**に関しては述べられていません。

No. 4
2つ目の質問は What is one criticism Bob Frisch has of standing meetings?(ボブ・フリッシュが、立って行う会議に対して持っている1つの批判は何ですか)。第2段落2文目の Bob Frisch argues that 以降の内容をおさえます。4文目の Additionally の前後で、
①This can lead to shorter people feeling nervous and therefore being less likely to share their thoughts.
(このこと(＝身体的な違いが重要になること)は、背の低い人を不安にさせるため、考えを共有しなくなりやすいのです)
②young people's greater physical stamina could give them an advantage
(若い人のよりすぐれたスタミナが有利になりえる)
と、立って行う会議を批判しています。この2つの批判を They may be unfair to some participants.(ある参加者にとっては不公平かもしれない)と言い換えた**1**が正解。選択肢のThey は質問の standing meetings を指しています。
2は放送文中に述べられていません。**3**は放送文中の physical から連想されるひっかけの選択肢。**4**は negotiation や becomes lengthy から連想されるひっかけの選択肢です。

(3) **解答** No.5 **2**　No.6 **1**

---

vocabulary

□ role model「ロールモデル」

▶ 放送された英文

★Steve Jobs and His Role Model

Steve Jobs, the founder of Apple Inc., had a role model named Edwin Land. Land founded a camera company called Polaroid that was well-known when Jobs was growing up. Jobs agreed with many of Land's ideas. For example, Jobs often said, "Customers don't know what they want until we've shown them." This was a concept he learned from Land. Both Jobs and Land thought that conducting market research on consumer preferences was pointless. They believed companies should make totally new and interesting products their customers had never dreamed of.

Both Jobs and Land were also famous for trying to make even minor design details of their products perfect. Land, for example, spent so much money on product development that financial experts warned against investing in Polaroid's stock. However, his products were thought to be beautifully designed and his company became highly profitable.

☆Questions
☆No. 5 What was one belief held by Steve Jobs and Edwin Land?
☆No. 6 What were both Jobs and Land famous for?

日本語訳

スティーブ・ジョブズと彼のロールモデル

アップル社の創業者スティーブ・ジョブズはエドウィン・ランドというロールモデルを持っていました。ランドはジョブズの成長期に有名だったポラロイドというカメラ会社を設立しました。ジョブズはランドの考え方の多くに賛同していました。例えば、ジョブズはしばしば「我々が見せるまで、顧客自身は何が欲しいかわからない」と言っていました。これは彼がランドから学んだ概念でした。ジョブズもランドも、消費者の好みを知るために市場調査を行うことは無駄と思っていました。彼らは、企業は顧客が夢にも思わなかった、まったくもって新しく、面白いものを作るべきだと考えました。

ジョブズとランドは共に、商品のデザインの細部さえ完璧にしようとすることでも有名でした。例えば、ランドはとても多くのお金を商品開発につぎ込んだので、金融の専門家たちは、ポラロイド社の株に投資をしないよう警告しました。しかし、彼の製品は美しくデザインされていると考えられ、会社は大きな利益を生み出すようになりました。

質問：
No. 5　スティーブ・ジョブズとエドウィン・ランドが持っていた1つの信念は何でしたか。
No. 6　ジョブズとランドは共に何で有名でしたか。

選択肢と訳　No. 5

1 Customers want products that last.
2 Market research is unnecessary.
3 Advertising should explain concepts simply.
4 Products should be made from recycled materials.

1 顧客は長持ちする製品を欲しがる。
2 市場調査は必要ない。
3 広告はコンセプトを簡潔に説明すべきだ。
4 製品はリサイクル素材で作られるべきだ。

No. 6
1 Focusing on design details.
2 Listening to advice from financial experts.
3 Keeping investors happy.
4 Sharing technology with each other.

1 デザインの細部に重点を置くこと。
2 金融の専門家のアドバイスをよく聞くこと。
3 投資家を満足させていること。
4 技術を互いに共有すること。

解説　スティーブ・ジョブズと彼のロールモデル（手本となる人物）のエドウィン・ランドに関する放送文です。

No. 5
質問はWhat was one belief held by Steve Jobs and Edwin Land?（スティーブ・ジョブズとエドウィン・ランドが持っていた1つの信念は何でしたか）。

---

vocabulary

☐ **founder**「創業者」

☐ **Inc.**「社、株式会社（＝ Incorporatedの略）」

☐ **found**「～を創業する」

☐ **consumer preferences** 「消費者の嗜好、好み」

☐ **pointless**「無意味な」

☐ **financial**「金融の」

☐ **warn against** *doing*「～ しないよう警告する」

☐ **stock**「株」

☐ **profitable**「利益がもたらされる」

☐ **last**「長持ちする」

☐ **investor**「投資家」

96

2人の考え方を整理しながら解答を導くのがポイント。第1段落3文目にJobs agreed with many of Land's ideas.（ジョブズはランドの考え方の多くに賛同していた）とあります。その直後に具体例として、Customers don't know what they want until we've shown them.（我々が見せるまで、顧客自身は何が欲しいかわからない）とあり、2人に共通する考えとして6文目後半に、conducting market research on consumer preferences was pointless（消費者の好みを知るために市場調査を行うことは無駄）とあるので、正解は、2人の考え方をMarket research is unnecessary.と言い換えた **2** です。
そのほかの選択肢については述べられていません。

No. 6
質問はWhat were both Jobs and Land famous for?（ジョブズとランドは共に何で有名でしたか）。解答の根拠は、第2段落1文目にあるBoth Jobs and Land were also famous for trying to make even minor design details of their products perfect.（ジョブズとランドは共に、商品デザインの細部さえ完璧にしようとすることでも有名だった）で、正解はそれをFocusing on design details.と言い換えた **1** です。
2 は放送文にfinancial experts warned（金融の専門家が警告した）とあるので誤り。**3**、**4** に関しては述べられていません。

---

(4) **解答** No.7 **3**　No.8 **1**

▶放送された英文

★A World-Changing Drug

　Penicillin is an antibiotic drug produced from a type of mold called penicillium, which grows on fruit. Ancient peoples knew that such molds had disease-fighting powers, but the chemical in penicillium that kills bacteria was not identified until 1928. When Alexander Fleming identified it and named it penicillin, he suggested using it to kill bacteria when cleaning equipment in laboratories and hospitals.

　Fleming's work was continued in the 1930s by scientists in the UK, who succeeded in finding a way to use penicillin to treat infectious diseases. And thanks to work in the US in the early 1940s, scientists' efforts to produce the drug in large quantities also progressed. By 1944, the US had managed to produce millions of doses, and the new drug prevented many soldiers with infected wounds from dying in the last months of World War II.

☆Questions
☆No. 7 What did Alexander Fleming do in 1928?
☆No. 8 What was one result of scientists' efforts in the 1940s?

日本語訳　　　　　　　　　世界を変えた薬
　ペニシリンは、果物の表面に生えるアオカビというカビの仲間から作られた抗生物質です。古代の人々はこのようなカビには病気と闘う力があることを知っていましたが、アオカビに含まれる、バクテリアを殺す化学物質は1928年まで特定されていませんでした。アレクサンダー・フレミングはそれを特定してペニシリンと名付けたとき、研究室や病院の器具を洗浄する際のバクテリア除去のために使用することを提案しました。
　フレミングの研究は、1930年代にイギリスの科学者たちによって続けられ、彼らは伝染病の治療にペニシリンを使用する方法を見つけるのに成功しました。1940年代初頭のアメリカでの研究のおかげで、大量にその薬を作るための科学者の作業も進歩を遂げました。1944年までに、アメリカは何とか大量に投与できるだけ生産し、その新しい薬は第二次世界大戦の最後の数か月に、感染した傷を負った多くの兵士が死ぬのを防ぎました。
質問：
No.7　1928年にアレクサンダー・フレミングは何をしましたか。
No.8　1940年代の科学者たちの努力の1つの結果は何でしたか。

選択肢と訳　No.7
1　He found a way to grow penicillin on fruit.
2　He tested penicillin on human patients.
3　He recommended using penicillin for cleaning.
4　He sold equipment for producing penicillin.

1　彼は果物の表面でペニシリンを育てる方法を発見した。
2　彼は人間の患者でペニシリンを試した。

---

vocabulary

□ **penicillin**「ペニシリン」
□ **grow on ～**「～で育つ」
□ **ancient**「古代の」
□ **antibiotic drug**「抗生物質」
□ **mold**「かび、菌」
□ **penicillium**「アオカビ」
□ **disease-fighting powers**「病気と戦う力」
□ **bacteria**「バクテリア」
□ **identify**「特定する」
□ **treat**「～を治療する」
□ **infectious**「伝染性の、伝染する」
□ **progress**「進歩」
□ **dose**「投与量」
□ **wound**「傷」

3 彼は洗浄にペニシリンを使うことを勧めた。
4 彼はペニシリンを作る装置を販売した。

No. 8
1 Penicillin was produced in large amounts.
2 People understood the dangers of bacteria.
3 A new kind of disease was cured.
4 Other antibiotic drugs were developed.

1 ペニシリンは大量に作られた。
2 人々はバクテリアの恐ろしさを理解した。
3 新しい種類の病気が治療された。
4 他の抗生物質が開発された。

解説 抗生物質のペニシリンが開発された経緯を説明した放送文です。

No. 7
質問は What did Alexander Fleming do in 1928?（1928年にアレクサンダー・フレミングは何をしましたか）。解答の根拠は第1段落3文目。he suggested using it（＝ penicillin）to kill bacteria when cleaning equipment in laboratories and hospitals（彼は研究室や病院の器具を洗浄する際のバクテリア除去のためにそれを使用することを提案した）とあるので、正解は、放送文の suggested を recommended に言い換えた**3**です。放送文の suggested using it の it が penicillin であることをおさえておくのも解答を導く上で大切なポイント。
1 は第1段落1文目に ..., which grows on fruit とありますが、which の先行詞は mold called penicillium（アオカビと呼ばれるカビ）。ペニシリンはそれから作られる抗生物質なので誤り。**2** に関しては述べられていません。**4** は放送文中の equipment から連想されるひっかけの選択肢。

No. 8
質問は What was one result of scientists' efforts in the 1940s?（1940年代の科学者たちの努力の結果の1つは何でしたか）。質問に 1940 という数字があるので、第2段落2文目の in the early 1940s が解答のヒントになる。この後ろには、

　①scientists' efforts to produce the drug（＝ penicillin）in large quantities also progressed
　　（大量にこの薬を生み出す科学者の作業が進んだ）
　②By 1944, the US had managed to produce millions of doses
　　（1944年までにはアメリカは何とか大量に投与できるだけ生産した）

とあります。doses（投与量）はこの英文のトピックであるペニシリンの投与量で、millions of doses を large amount と言い換えた**1**が正解。
2 は infected wounds や dying から連想されるひっかけの選択肢。**3** は述べられておらず、new から連想されるひっかけの選択肢。**4** は述べられていません。

---

(5) **解答** No.9 **3**　　No.10 **4**
▶放送された英文

☆**Entertainment and Creativity**

　It can often be difficult for entertainment companies to decide which ideas for shows will appeal to the public. Recently, researchers conducted a study that asked the question: Who is better at deciding what an audience will enjoy, the creators who think of the ideas or the executives who evaluate them? To find the answer, the researchers invited 300 entertainment executives and creators to decide which ideas for shows they thought would get the best response from audiences.
　The researchers concluded that creators usually overestimated the appeal of their own ideas. However, they were better than the executives at predicting whether other people's original ideas would become successful. In particular, creators were much better at identifying unusual concepts that would be a hit. The researchers believe that executives were more conservative, and so were less likely to choose original or unusual ideas.
★Questions
★No. 9 What were executives and creators asked to do in the study?
★No.10 What is one thing the researchers concluded?

vocabulary

□ **appeal to ～**「～の興味をそそる」
□ **executive**「役員、幹部」
□ **evaluate**「評価する」
□ **overestimate**「～を過大評価する」
□ **unusual**「際立った」
□ *be* **a hit**「ヒットする」
□ **conservative**「保守的な」
□ **feedback**「意見」
□ **modify**「～を修正する」
□ **existing**「今の」
□ **taste**「好み」

日本語訳

娯楽と創造性

　エンターテインメント企業が、大衆の興味をそそる番組のアイディアはどれかを判断するのは、往々にして難題になります。最近、研究者たちは次のような質問をする調査を行いました。「観客が何を面白がるかをより適切に判断するのは誰なのか—アイディアを考え付くクリエイターなのか、それとも、それを評価する役員たちなのか」。その答えを見つけるため、研究者たちは300人のエンターテインメント企業の役員とクリエイターを招き、観客の反応が最も良いであろう番組の企画はどれかを判断してもらうことにしました。

　研究者たちは、クリエイターたちは普通、自身のアイディアの魅力を過大評価すると結論を下しました。しかし、彼らは、他人が考えた独創的なアイディアが成功するかどうかを予測するのが役員より上手でした。クリエイターたちは特に、ヒットするであろう際立ったアイディアを特定する点ではるかに長けていました。役員たちはより保守的であり、独創的で一風変わったアイディアをあまり選ばない傾向にあったと研究者たちは考えています。

質問：
No. 9　この調査で役員とクリエイターが依頼されたことは何ですか。
No.10　研究者たちが結論づけた1つのことは何ですか。

選択肢と訳

No.9
1 Find ways to get feedback from the public.
2 Modify the content of existing shows.
3 Predict which shows audiences would like.
4 Hire people to perform in new shows.

1 大衆から意見をもらう方法を見つける。
2 今やっている番組の中身を変更する。
3 観客が気に入る番組を予想する。
4 新しい番組の演者を雇う。

No.10
1 Executives listen carefully to audiences' opinions.
2 Executives are strongly influenced by creators' opinions.
3 Audiences' tastes change regularly.
4 Creators are better at judging the ideas of others.

1 役員たちは観客の意見を注意深く聞く。
2 役員はクリエイターの意見に強く影響される。
3 観客の好みは定期的に変わる。
4 クリエイターは他者のアイディアを評価するのに長けている。

解説

視聴者が楽しむアイディアを選べるのは誰かを調べた調査に関する放送文です。

No.9
質問は What were executives and creators asked to do in the study?（この調査で役員とクリエイターが依頼されたことは何ですか）。調査方法を述べた第1段落の最終文が解答の根拠になります。そこには the researchers invited 300 entertainment executives and creators to decide which ideas for shows they thought would get the best response from audiences（研究者たちは300人のエンターテインメント企業の役員とクリエイターを招き、観客の反応が最も良いであろう番組の企画はどれかを判断してもらうことにした）とあるので、decide（決める）を predict（予想する）、the best response from audiences（視聴者からの一番良い反応）を audiences would like（視聴者が好む）と言い換えている **3** が正解。
1 は public から連想されるひっかけの選択肢。**2**、**4** に関しては述べられていません。

No. 10
質問は What is one thing the researchers concluded?（研究者たちが結論づけた1つのことは何ですか）。第2段落1文目に、The researchers concluded that creators usually overestimated the appeal of their own ideas.（研究者たちは、クリエイターたちは普通、自身のアイディアの魅力を過大評価すると結論を下した）とありますが、それに続いて However, they（＝ creators）were better than the executives at predicting whether other people's original

ideas would become successful.（しかし、彼らは、他人が考えた独創的なアイディアが成功するかどうかを予測するのが役員より上手だった）とも述べています。従って、predicting whether other people's original ideas would become successful の部分を judging the ideas of others（他の人の考えを判断すること）と端的に言い換えた **4** が正解。
他の選択肢については述べられていません。

---

(6) **解答** No. 11 **2**　No. 12 **3**

▶放送された英文

☆Colombian Coffee

　Coffee rust is a disease that has been damaging coffee crops in many countries for over a century. Historians say it was one of the reasons Sri Lanka switched from growing coffee to growing tea. Since the 1960s, coffee crops in Colombia have also been threatened, and coffee rust has gradually spread from region to region. In particular, it attacks the expensive and difficult-to-grow arabica coffee that Colombia is famous for. Less profitable varieties are not as badly affected.

　To combat coffee rust, scientists have been researching disease-resistant coffee plants. While resistant varieties of coffee beans were not difficult to find, experts considered the flavor and aroma of the coffee they produced to be less appealing than those of the arabica bean. However, the good news for Colombian coffee growers is that a new hybrid variety called Castillo is not only disease-resistant, but it is also gaining approval with coffee lovers.

★Questions
★No. 11 What is one thing we learn about coffee rust?
★No. 12 What was one problem with disease-resistant coffee varieties?

日本語訳　　　　　　　　　コロンビアのコーヒー

　コーヒーさび病は1世紀以上もの間、多くの国々でコーヒー作物に悪影響を及ぼしている病気です。歴史家たちは、スリランカがコーヒーからお茶の栽培に切り替えた理由の1つがその病気だと言います。1960年代以降、コロンビアのコーヒー作物も脅威にさらされており、コーヒーさび病は徐々に地域から地域へと広がっています。特に、その病気はコロンビア名産の高価で育てにくいアラビカコーヒーに打撃を与えます。あまり収益の出ない品種にはそこまでの影響はありません。

　コーヒーさび病と戦うために、科学者たちは病気に抵抗力のあるコーヒーの木を研究してきました。抵抗力のあるコーヒー豆の種類を見つけるのは難しくはありませんが、その豆から作られるコーヒーの風味や香りがアラビカ豆ほど魅力的でないと専門家は見なしました。しかし、コロンビアのコーヒー栽培者たちにとって良い知らせは、カスティージョと呼ばれる新しい交配種が、病気への耐性があるだけでなく、コーヒー愛好家にも称賛を得ていることです。

質問：
No.11　コーヒーさび病についてわかる1つのことは何ですか。
No.12　病気への耐性があるコーヒーの品種についての1つの問題は何でしたか。

選択肢と訳　No.11

1 It had little impact on Sri Lanka.
2 It badly affects arabica coffee.
3 It has recently begun to affect other plants.
4 It was first discovered in Colombia.

1 スリランカへの影響はほとんどなかった。
2 アラビカコーヒーには悪影響を与えた。
3 最近、他の植物に影響を与え始めた。
4 コロンビアで初めて発見された。

No.12
1 They were difficult to grow.
2 They were expensive to produce.
3 Their taste and smell were not good enough.
4 Their resistance did not last.

1 育てるのが難しかった。

---

vocabulary

- □ **rust**「さび（病）」
- □ **crop**「作物」
- □ **historian**「歴史家」
- □ **switch from A to B**「AからBに転換する」
- □ **threaten**「脅威にさらす」
- □ **difficult-to-grow**「育てるのが困難な」
- □ **arabica**「アラビカ種」
- □ **combat**「～と戦う、～に立ち向かう」
- □ **disease-resistant**「病気に強い」
- □ **resistant variety**「抵抗力のある品種」
- □ **aroma**「香り」
- □ **appealing**「魅力的な」
- □ **grower**「生産者」
- □ **hybrid**「ハイブリッド、交配種」
- □ **approval**「称賛」
- □ **badly**「ひどく」

2 生産するのにお金がかかった。
3 味と香りがあまりよくなかった。
4 抵抗力が持続しなかった。

解説 coffee rust（コーヒーさび病）という病気に関する放送文です。coffee rustは聞き慣れない語句ですが、すぐ後ろにis a diseaseと続いているので、コーヒーに関する病気だということがわかります。

No.11
質問はWhat is one thing we learn about coffee rust?（コーヒーさび病についてわかる1つのことは何ですか）。このような一般的でない事物を紹介する放送文では、冒頭に概要が説明されることが多いので、第1段落の情報をしっかり聞き取ることが大切です。
第1段落でコーヒーさび病に関してわかるのは、
　①has been damaging coffee crops in many countries for over a century
　　（1世紀以上、多くの国々でコーヒー作物に悪影響を及ぼしている）
　②it（＝coffee rust）was one of the reasons Sri Lanka switched from growing coffee to growing tea
　　（それはスリランカがコーヒーからお茶の栽培に切り替えた理由の1つだ）
　③Since the 1960s, coffee crops in Colombia have also been threatened
　　（1960年代以降、コロンビアのコーヒー作物も脅威にさらされている）
　④it attacks the expensive and difficult-to-grow arabica coffee
　　（高価で育てにくいアラビカコーヒーに打撃を与える）
　⑤Less profitable varieties are not as badly affected
　　（あまり収益の出ない品種にはそこまでの影響はない）
の5点。④の内容から正解は、**2**です。
1 スリランカはコーヒーさび病が原因でお茶の生産に切り替えたので**1**は誤り。**3**に関しては述べられていません。**4** コーヒーさび病は1世紀以上存在しますが、コロンビアに影響を与え始めたのは1960年代になってからなので**4**は誤り。

No.12
質問はWhat was one problem with disease-resistant coffee varieties?（病気への耐性があるコーヒーの品種についての1つの問題は何でしたか）。病気に抵抗がある種類のコーヒーに関しては第2段落2文目で、
　①resistant varieties of coffee beans were not difficult to find
　　（抵抗力のあるコーヒー豆の種類を見つけるのは難しくない）
　②the flavor and aroma of the coffee they (resistant varieties of coffee beans) produced to be less appealing than those of the arabica bean
　　（その豆から作られるコーヒーの風味や香りがアラビカ豆ほど魅力的でない）
と説明されています。よって、正解は②をTheir taste and smell were not good enough.と言い換えた**3**です。
1と**4**は述べられていません。また、コーヒーの中でも高価なのはアラビカ種なので**2**も誤り。

(7)　**解答**　No.13 **3**　No.14 **1**
▶放送された英文

☆**Selfies**

"Selfies" are pictures taken of oneself, often using a smartphone. The number of people posting them online has risen dramatically, and experts say selfies can positively affect people's feelings about their appearance. This is because they allow people to present themselves in a way they are proud of.

In the past, most photographs on the Internet were of models, actors, or celebrities, but now selfies of ordinary people are more common. Some experts believe this has helped change the standards of beauty in popular culture.

On the downside, people feel pressure to post selfies that will be popular and widely shared. This can be stressful, especially for teenagers. Also, critics point out that people have had fatal accidents while taking selfies in risky situations, such as at the edge of a cliff or too close to wildlife. The desire to take a memorable selfie can lead to a lack of regard for nearby hazards.

vocabulary

□ selfie「自撮り」
□ post *A* online「Aをネットに投稿する」
□ dramatically「劇的に」
□ positively「前向きに」
□ appearance「外見」
□ **This is because SV.**「これは、SがVするからだ。」
□ **present *one*self**「自分自身を表現する」

★Questions
★No. 13 According to the speaker, what is one effect of "selfies"?
★No. 14 What is one concern critics have regarding selfies?

日本語訳

自撮り写真

「セルフィー」は自分自身を撮った写真のことで、多くの場合スマートフォンを使います。ネット上にその写真を投稿する人々の数は劇的に増えており、自撮り写真が、自分の外見についての印象に良い影響を与える可能性があると専門家は述べています。これは、その写真によって自慢できるような方法で自分自身を表現できるからです。

過去には、インターネット上のほとんどの写真はモデルや俳優、有名人のものでしたが、今や、一般の人の自撮り写真の方が一般的です。専門家の中には、これが大衆文化における美の基準の変化を促してきたと考える人もいます。

否定的な側面では、ウケがよくて大勢にシェアされるであろう自撮り写真を投稿しなければというプレッシャーを人は感じています。このことは、特に10代の若者にとってストレスになる可能性があります。また、批評家たちは、崖のふちや野生動物に近過ぎるような危険な状況で自撮り写真を撮っている間に死亡事故を起こした人がいると指摘します。印象的な写真を撮りたいという願望は、すぐ近くにある危険への注意を欠くことにつながりかねません。

質問：
No.13　話し手によると、自撮り写真の1つの影響は何ですか。
No.14　批評家が自撮り写真に関して抱いている1つの懸念は何ですか。

選択肢と訳

No.13
1 They are motivating people to stay fit.
2 They have helped young actors gain popularity.
3 They can make people feel better about themselves.
4 They have led to increased sales of smartphones.

1 人を、健康でいようという気にさせている。
2 若手の俳優が人気を得るのに役立っている。
3 人がもっと自分に好感を持つようにさせることができる。
4 スマートフォンの売上増につながっている。

No.14
1 People sometimes put themselves in danger to take selfies.
2 People often harm wild animals while taking selfies.
3 Selfies encourage people to spend too much time online.
4 Selfies can lead to online bullying.

1 人は、自撮り写真を撮るために自分を危険にさらすことがある。
2 人々はしばしば自撮り写真を撮っているときに野生動物を傷つける。
3 自撮り写真のために人はネットに多くの時間を費やし過ぎている。
4 自撮り写真はネット上のいじめにつながりうる。

解説

冒頭から "Selfies" で始まっていますが、このようになじみの薄い固有名詞は直後で説明されるので、慌てないこと。ここでは直後に、pictures taken of oneself, often using a smartphone（多くの場合、スマートフォンを使って自分自身を撮った写真）と説明されています。

No. 13

質問は According to the speaker, what is one effect of "selfies"?（話し手によると、自撮り写真の1つの影響は何ですか）。第1段落2文目後半の experts say selfies can positively affect people's feelings about their appearance（自撮り写真が、自分の外見についての印象に良い影響を与える可能性があると専門家は述べている）と続く3文目 present themselves in a way they are proud of（自慢できるような方法で自分自身を表現する）が解答の根拠。これらを feel better about themselves（もっと自分に好感を持つ）と言い換えた **3** が正解です。

No. 14

質問は What is one concern critics have regarding selfies?（批評家が自撮り写真に関して抱いている1つの懸念は何ですか）。On the downside（否定的な側面では）から始まる第3段落3文目の critics point out that（批評家は～を指

vocabulary

- □ **in a way S V**「SがVする方法で」
- □ **be proud of ～**「～を自慢する」
- □ **celebrity**「有名人」
- □ **popular culture**「大衆文化（ポップカルチャー）」
- □ **downside**「否定的な側面」
- □ **fatal**「致命的な」
- □ **risky**「危険な」
- □ **at the edge of ～**「～の端で」
- □ **memorable**「記憶に残りやすい」
- □ **regard**「配慮、注意」
- □ **hazard**「危険」
- □ **regarding ～**「～に関して、について」
- □ **stay fit**「健康を維持する」
- □ **put A in danger**「Aを危険な目に遭わせる」
- □ **bullying**「いじめ」

摘する）以降の情報を聞き取ります。people have had fatal accidents while taking selfies in risky situations（危険な状況で自撮り写真を撮っている間に死亡事故を起こした人がいる）や、最終文のThe desire to take a memorable selfie can lead to a lack of regard for nearby hazards.（印象的な写真を撮りたいという願望は、すぐ近くにある危険への注意を欠くことにつながりかねない）と述べられています。従って、正解はThe desire to take a memorable selfieをto take selfies（自撮りをするために）、can lead to a lack of regard for nearby hazardsをsometimes put themselves in danger（彼ら自身を危険にさらすことがある）と言い換えた **1**。

2は放送文にtoo close to wildlife（野生動物に近づき過ぎる）という説明があるだけです。**3**と**4**に関しては述べられていません。

(8) 解答 No.15 **3**　No.16 **2**

放送された英文

★Animals in the Early Space Program

　The first space travelers, in the 1950s, were animals. Back then, space travel involved a greater likelihood of accidents, such as explosions, so it was considered too risky for humans. Researchers were also interested in studying the effect of long periods of weightlessness on living creatures' internal organs. The animals that returned from successful missions in space were therefore closely examined for ill effects.

　The US often sent chimpanzees into space. They are biologically similar to humans and could be trained to perform simple in-flight tasks. Russian scientists, however, found apes and monkeys too excitable and unpredictable, and sent dogs instead. Dogs could be trained to sit quietly for long periods of time, and it was thought this would help them remain calm in flight. The canine astronauts were also female because the scientists thought they had a more mild-mannered nature than male dogs.

☆Questions
☆No. 15 What did researchers do after the animals returned from space?
☆No. 16 Why did Russian scientists choose to send dogs into space?

日本語訳　　　　初期の宇宙計画における動物たち

　1950年代に宇宙旅行を初めてしたのは動物たちでした。当時、宇宙旅行は爆発など、事故の可能性がずっと大きかったので、人間には危険過ぎると思われていました。研究者たちはまた、生物の内臓が長い無重力状態になることの影響を研究することに関心がありました。それゆえ、宇宙でのミッションが無事に終わって帰還した動物たちは、悪影響を綿密に調べられました。

　アメリカはしばしば、宇宙にチンパンジーを送り込みました。彼らは生物学的に人間と似ており、飛行中の単純な作業を行うよう訓練できました。しかし、ロシアの科学者は類人猿や猿はとても興奮しやすく行動が読めないことがわかると、代わりに犬を送り込みました。犬は長時間静かに座っているように訓練でき、このことは飛行中も犬に冷静なままでいてもらうのに役立つと思われました。また、犬の宇宙飛行士たちはメスでした。それは、科学者たちが、メスの方がオスよりも穏やかな性格だと考えたからでした。

質問：
No.15　動物たちが宇宙から戻ってきたあと、研究者たちは何をしましたか。
No.16　ロシアの科学者たちはなぜ宇宙に犬を送り込むことにしましたか。

選択肢と訳　No.15
1 They treated them for injuries.
2 They helped them regain weight.
3 They looked for physical changes.
4 They trained them for further missions.

1 動物たちのけがの治療をした。
2 動物たちが体重を取り戻すのを助けた。
3 動物たちの身体的な変化を探した。

vocabulary

- □ **involve**「〜を伴う」
- □ **likelihood of 〜**「〜の可能性」
- □ **explosion**「爆発」
- □ **weightlessness**「無重力状態」
- □ **living creatures**「生物」
- □ **internal organs**「内臓」
- □ **biologically**「生物学的に」
- □ *be* **similar to 〜**「〜に似ている」
- □ **in-flight**「フライト中の」
- □ **ape**「猿人類」
- □ **excitable**「興奮しやすい」
- □ **unpredictable**「（行動が）予測不能な」
- □ **canine**「イヌの」
- □ **mild-mannered nature**「穏やかな性格」
- □ **cope with 〜**「〜に対処する」
- □ **behavior**「習性」
- □ *be* **suited to 〜**「〜に適している」
- □ **fit in 〜**「〜にぴったり入る」
- □ **space capsule**「宇宙カプセル」

4 さらなるミッションのために訓練した。

No.16
1 Their organs could cope well with weightlessness.
2 Their behavior was suited to space travel.
3 They could fit easily in a space capsule.
4 They were capable of learning tasks quickly.

1 犬の内臓は無重力状態にうまく対処できた。
2 犬の習性が宇宙旅行に適していた。
3 犬は宇宙カプセルに簡単に入ることができた。
4 犬は作業を早く習得することができた。

解説 1950年代に行われた、動物を使った宇宙飛行に関する放送文です。第1段落の2文目にはBack then, space travel involved a greater likelihood of accidents（当時、宇宙旅行は、事故の可能性がかなりあった）やtoo risky for humans（人間には危険すぎる）など、実験に動物を使った理由が説明されています。

No.15
質問はWhat did researchers do after the animals returned from space?（動物たちが宇宙から戻ってきたあと、研究者たちは何をしましたか）。解答の根拠は第1段落の最終文、The animals that returned from successful missions in space were therefore closely examined for ill effects（それゆえ、宇宙でのミッションが無事に終わって帰還した動物たちは、悪影響を綿密に調べられた）。このtherefore（それゆえに）は直前の文の、研究者が長期間の無重力状態が生きている動物の内臓に与える影響について興味を持っていた、という内容を受けています。examined for ill effectsをlooked for physical changes（身体的な変化を探した）と言い換えた**3**が正解です。
1はillという単語から連想されるひっかけ。**2**はweightlessness（無重力状態）という単語から連想されるひっかけ。**4**は第2段落2文目にチンパンジーを宇宙に送った理由としてcould be trained to perform simple in-flight tasks（飛行中の単純な作業を行うよう訓練できる）という説明があるだけなので不可。

No.16
質問はWhy did Russian scientists choose to send dogs into space?（ロシアの科学者たちはなぜ宇宙に犬を送り込むことにしましたか）。第2段落3文目でfound apes and monkeys too excitable and unpredictable（類人猿や猿はとても興奮しやすく行動が読めないことがわかった）と、他の動物の問題点にふれた上で、sent dogs instead（代わりに犬を送った）と述べています。解答の根拠はそれに続く4文目Dogs could be trained to sit quietly for long periods of time, and it was thought this would help them（＝dogs）remain calm in flight.（犬は長時間静かに座っているように訓練でき、このことは飛行中も犬に冷静なままでいてもらうのに役立つ）。従って、正解はこの部分をTheir behavier was suited to space travel.「犬の行動が宇宙飛行に適している」とまとめた**2**です。
ほかの選択肢については述べられていません。

(9) **解答** No. 17 **4**　No. 18 **1**

▶放送された英文

☆Gated Communities

　Millions of Americans live in gated communities, where access is restricted by gates, walls, and security guards. Such places tend to be safer than open neighborhoods when first built. Over time, however, their crime rates usually rise until they are almost the same as the areas around them. Critics of gated communities say security guards are poorly paid, so they are unlikely to stay alert. Moreover, many delivery services have access to the security codes for the gates, and these can be obtained by criminals.

　Since gated communities have high annual fees, they generally attract wealthier residents. This creates social divisions by leaving poorer people outside the walls. Gated communities can also affect standards of living and the range of facilities in surrounding areas. Residents of a gated community with a private park, for example, may vote against funding the construction of a new public park by the city.
★Questions
★No. 17 What is one thing we learn about gated communities?

---

vocabulary

- [ ] **gated**「ゲートに囲まれた」
- [ ] **restrict**「制限する」
- [ ] **crime rate**「犯罪率」
- [ ] **be poorly paid**「給料が安い」
- [ ] **stay alert**「警戒を怠らない」
- [ ] **obtain**「〜を入手する」
- [ ] **criminal**「犯罪者」
- [ ] **annual fee**「年会費」
- [ ] **wealthier**「より裕福な」
- [ ] **resident**「住居者」

★No. 18 What is one effect gated communities can have on surrounding areas?

日本語訳
ゲートに囲まれたコミュニティー

非常に多くのアメリカ人が、門や壁、警備員によって立ち入りを制限された、ゲートに囲まれたコミュニティーに住んでいます。このような場所は、作られた当初は誰でも入れる地域よりも安全な傾向にあります。しかし、時がたつにつれ、そこの犯罪率が上昇して周りの地域とほとんど同じくらいになるのが普通です。ゲートに囲まれたコミュニティーを批判する人は、警備員の給料が安いから警戒を怠るようになりやすいと言います。さらに、多くの配送業者は門のセキュリティコードを利用できるので、犯罪者がそれを入手する可能性があります。

ゲートに囲まれたコミュニティーは年会費が高いため、通例は裕福な住民を引きつけます。これは、貧しい人々を壁の外に置いておくことで社会分断を生み出しています。このコミュニティーは周辺地域の生活水準や施設の種類にも影響を与えかねません。例えば、専用の公園付きのゲートに囲まれたコミュニティーの住人は、市が新しい公共の公園を建設するためにお金を出すことに反対票を入れるかもしれません。

質問：
No.17 ゲートに囲まれたコミュニティーについてわかる1つのことは何ですか。
No.18 ゲートに囲まれたコミュニティーが周辺地域に与えうる1つの影響は何ですか。

選択肢と訳
No.17
1 They create high-paying jobs.
2 They help residents overcome social divisions.
3 Their guards are often former police officers.
4 Their crime rates do not stay low for long.

1 高賃金の仕事を創出する。
2 住民たちが社会の分断を克服するのを助ける。
3 そこの警備員は元警察官が多い。
4 そこの犯罪率はずっと低いままではない。

No.18
1 Public facilities may not be built.
2 Property values generally increase.
3 Local taxes tend to rise.
4 Poverty levels tend to fall.

1 公共施設が建てられないかもしれない。
2 ふつう資産価値が上昇する。
3 地方税が上がる傾向にある。
4 貧困レベルが下がる傾向にある。

解説
アメリカのgated communityという区域に関する放送文です。gated communityのような聞き慣れない言葉が放送文のテーマになる場合は、続く文の中で必ずその内容が説明されます。この問題では、Millions of Americans live in（非常に多くのアメリカ人が住んでいる）、access is restricted by gates, walls, and security guards（門や壁、警備員によって立ち入りを制限されている）と、その特徴が説明されています。

No. 17
質問はWhat is one thing we learn about gated communities?（ゲートに囲まれたコミュニティーについてわかる1つのことは何ですか）。解答の根拠は第1段落の2文目と3文目にあります。

2文目：Such places (= gated communities) tend to be safer than open neighborhoods when first built.（このような場所は、作られた当初は、誰でも入れる地域よりも安全な傾向にある）
3文目：Over time, however, their (= gated communities) crime rates usually rise until they are almost the same as the areas around them.（しかし、時がたつにつれ、そこの犯罪率が上昇して周りの地域とほとんど同じくらいになるのが普通だ）

従って、正解は犯罪率が時間とともに上昇することをdo not stay low（低いままではない）と言い換えた**4**です。

vocabulary
- **social divisions**「社会分断、格差」
- **standards of living**「生活水準」
- **the range of ~**「~の種類」
- **facility**「施設」
- **surrounding**「周囲の」
- **vote against ~**「~に反対票を入れる」
- **fund**「~に出資する」
- **construction**「建設」
- **high-paying**「高給な」
- **overcome**「~を乗り越える」
- **former ~**「元~」
- **public facility**「公共の施設」
- **property value**「資産価値」

1は警備員の給料が安いという内容に矛盾している。**2**は第2段落には creates social divisions（社会的な隔たりを生む）と述べられているので誤り。**3**については述べられていません。

No. 18
質問は What is one effect gated communities can have on surrounding areas?（ゲートに囲まれたコミュニティーが周辺地域に与えうる1つの影響は何ですか）。第2段落3文目に Gated communities can also affect（ゲートに囲まれたコミュニティーは〜にも影響を与えうる）とあるので、それ以降を聞き取ることがポイント。そこでは、standards of living and the range of facilities in surrounding areas（周辺地域の生活水準と施設の種類）に影響を与える、と説明されており、それ以降には Residents of a gated community with a private park（専用の公園付きのゲートに囲まれたコミュニティーの住人）は、may vote against funding the construction of a new public park by the city（市が新しい公共の公園を建設するためにお金を出すことに反対票を入れるかもしれない）と具体例を使って説明しています。従って、正解は市が作る公園を public facilities（公共の施設）と言い換えた**1**です。
それ以外の選択肢については述べられていません。

---

(10) **解答** No.19 **2**　No.20 **1**

▶放送された英文

★The Pros and Cons of Opening a Franchise

　If you want to have your own business, opening a franchise may seem like a fairly safe way to do so. Large retail companies offer new franchise owners a well-known brand with an existing customer base, technical support, and training. Moreover, because large retail companies can order a lot of supplies at the same time, franchise owners can often get them at a discount.

　However, many people underestimate the expense of opening a franchise. As well as initial costs, owners must purchase equipment and pay for advertising. Therefore, franchise owners should be prepared to lose money for the first six months. People interested in opening franchises must also consider their own personalities; they may not like the fact that many business decisions are made by managers working at company headquarters. Also, those who want to try new things may dislike the fact that franchise agreements do not allow them to do so.

☆Questions
☆No. 19 What is one advantage of opening a franchise?
☆No. 20 What should people be aware of when opening a franchise?

日本語訳　　　　　　**フランチャイズ店を始めるメリットとデメリット**

　もし自分の店を持ちたいなら、フランチャイズ店を始めるのがかなり安全な方法に思えるかもしれません。大手小売企業は新しいフランチャイズ店のオーナーに、すでに顧客基盤のある有名ブランド名や技術サポート、そして研修を提供します。さらに、大手小売企業が同時にたくさんの商品を注文できるため、フランチャイズ店のオーナーはしばしば割引価格でそれを入手できます。

　しかし、多くの人々はフランチャイズ店開設の費用を過少に見積もります。オーナーは初期費用に加えて、備品を購入し、広告費を支払わなければなりません。そのため、フランチャイズ店のオーナーは、最初の6か月は赤字を出す覚悟をしておくべきです。フランチャイズ店を始めることに関心のある人々はまた、自身の性格も考慮しなければなりません。それは、ビジネス上の決定の多くが本社で働くマネージャーによって下されるという事実を気に入らないかもしれないからです。また、新しいことを試してみたい人は、フランチャイズ契約ではそうすることが許されないという事実を嫌うかもしれません。

質問：
No.19　フランチャイズ店を始める1つのメリットは何ですか。
No.20　フランチャイズ店を始めるときに知っておくべきことは何ですか。

選択肢と訳　No.19
　1 All startup costs are usually paid by the company.
　2 Owners can get access to cheaper supplies.
　3 Free local advertising is available.
　4 Delivery dates for supplies are flexible.

---

vocabulary

- □ **pros and cons**「良い点と悪い点（賛否両論）」
- □ **franchise**「フランチャイズ店」
- □ **fairly**「かなり」
- □ **retail company**「小売企業」
- □ **customer base**「顧客基盤」
- □ **training**「研修」
- □ **supplies**「供給品、在庫品」
- □ **at a discount**「割引価格で」
- □ **underestimate**「〜を低く見積もる」
- □ **expense**「出費」
- □ **initial costs**「初期費用」
- □ **equipment**「備品」
- □ **business decision**「ビジネス上の決定」
- □ **headquarters**「本社」
- □ **agreement**「契約」
- □ **advantage**「利点、長所」
- □ **startup**「立ち上げ」
- □ **get access to 〜**「〜を入手する」
- □ **delivery date**「配達日、納期」
- □ **flexible**「柔軟である」
- □ **profitable**「利益をもたらす」

1 立ち上げの全費用は普通、会社が出す。
2 オーナーは商品を安く入手できる。
3 無料の地元の広告を利用できる。
4 備品の配達日を変更できる。

No. 20
1 It can take time to become profitable.
2 Hiring suitable managers can be difficult.
3 Franchise agreements often change.
4 Frequent visits to headquarters are necessary.

1 利益が出るまでは時間がかかるかもしれない。
2 適任の店長を雇うのが難しいかもしれない。
3 フランチャイズ契約はしばしば変更される。
4 本社を頻繁に訪れることが必要である。

解説 フランチャイズ店のメリットとデメリットについて説明した放送文です。

No. 19
質問は、What is one advantage of opening a franchise?（フランチャイズ店を始める1つのメリットは何ですか）。フランチャイズ店のメリットは第1段落に2つ述べられています。
　①親会社が新しいフランチャイズ店のオーナーに以下を提供する。
　　　　・a well-known brand with an existing customer base
　　　　　（すでに顧客基盤がある有名ブランド名）
　　　　・technical support（技術サポート）
　　　　・training（研修）
　②オーナーは安く商品を入荷できる。
　　　　・franchise owners can often get them（= supplies）at a discount
従って、正解は②を get access to cheaper supplies と言い換えた **2** です。
第2段落には As well as initial costs, owners must purchase equipment and pay for advertising（オーナーは初期費用に加えて、備品を購入し、広告費を支払わなければならない）とあるので、**1** や **3** は誤り。**4** については述べられていません。

No. 20
質問は What should people be aware of when opening a franchise?（フランチャイズ店を始めるときに知っておくべきことは何ですか）。解答の根拠は第2段落3文目 Therefore, franchise owners should be prepared to lose money for the first six months.（そのため、フランチャイズ店のオーナーは、最初の6か月は赤字を出す覚悟をしておくべきだ）で、Therefore は直前の文の「オーナーは初期費用に加えて、備品を購入し、広告費を支払わなければならない」を受けています。従って、正解は6カ月という長期間にわたり赤字になることを言い換えた **1** です。
2 Hiring suitable managers can be difficult. については述べられていません。**3** は agreements から連想されるひっかけ。**4** は headquarters から連想されるひっかけ。

vocabulary

Theme 8
●ポイント解説

Real-life形式の内容一致選択問題をおさえよう！

リスニングPart 3に対応

Point① 準1級のReal-life形式の内容一致選択問題はどんな問題？

○問題用紙に記載された、日常生活に即した状況設定文（*Situation*）と質問文（*Question*）を読み、パッセージを聞いた後、内容に関する質問への答えとして最も適切な選択肢を選ぶ問題。
○問題数：5問
○放送回数：1回
○問題用紙には、状況設定文、質問文、選択肢が記載されています。
○状況設定文と質問文を読む時間は10秒間です。その後放送が始まります。

Point② 準1級のReal-life形式の内容一致選択問題の攻略方法とは？

○状況と質問をしっかり先読みする！
Part 3は、Part 1・Part 2と、内容が大きく異なります。
Part 3ではあらかじめ、放送される英文の状況設定文と質問文が与えられ、それらを読んだ後に放送を聞きます。状況と質問を読む時間は10秒間与えられているので、**この時間内にそれらをしっかり読んで理解すること**が、**Part 3で高得点を取るポイント**です。特に、**状況設定文に含まれる数字**には注意をしましょう。
例えば、

> *Situation:* You are applying for a university teaching position. You have only published <u>one</u> article. The interviewer gives you the following advice.
>
> （*Situation*の訳：あなたは大学で教える仕事に申し込みをしています。あなたは論文を<u>1</u>つしか発表していません。面接官があなたに次のようなアドバイスをします）
>
> （2019年度第1回 (25) より一部抜粋）

のように数字が含まれる場合は、その**数字が重要な意味を持つことが多い**ので、きちんとおさえましょう。
また、状況と質問を事前に読むことに加え、できることなら**「選択肢」も読んでおく**と、さらに得点を伸ばすことができます。

【 例 題 1 】

Situation: You bought a coat eight days ago. Today, the same store is advertising it for a lower price online. You call the store to ask about a refund of the difference.

Question: What should you do next?
1 Wait to be called back.
2 Go to the store this afternoon.
3 Speak directly to the manager.
4 Apply for a credit card.

（2019年度第1回 (27)）

放送された英文

☆For future reference, a refund of the price difference is available for purchases made within one week of an item going on sale. Refunds on purchases outside of that period can sometimes be given but require the manager's approval. He's away for lunch now, so I'll confirm with him, then call you back later today. By the way, assuming the refund is approved, you can choose to have it credited to your current store loyalty card. Do that and you will also receive a coupon for 10 % off your next purchase.

解説

状況設定文に「8日前」という数字が含まれています。数字はキーワードになることが多いので、必ずおさえましょう。
また、できれば状況設定文と質問文に加えて、選択肢も先読みできるととても有利です。
ちなみに、今回の選択肢は、

 1 Wait to be called back.（折り返しの電話を待つ）
 2 Go to the store this afternoon.（今日の午後にその店に行く）
 3 Speak directly to the manager.（責任者と直接話す）
 4 Apply for a credit card.（クレジットカードを申し込む）

ですが、これらに事前に目を通しておけると、答えに該当する箇所が放送されたときに、すぐに正解を選ぶことができます。
今回の放送文の概要は、「1週間以上経っての返金は責任者の承認がいるが、現在その責任者がランチに出ているので折り返します」というものでした。放送文では、

 call you back later today

とあり、この話を聞いた人（you）は「その電話を待つ」ことになるので、正解は **1** になります。
選択肢を先に読むことができていると、答えが聞こえてきた瞬間に選ぶことができ、かつ正答率も高まります。ですので、できる限り選択肢も先に読みましょう。

解答　**1**

日本語訳

状況：あなたは8日前にコートを買いました。今日、同じ店がそれをウェブ上で、より安い価格で宣伝しています。あなたは差額の返金について質問するために、店に電話します。
質問：次に何をすべきですか。
（選択肢）
1 折り返しの電話を待つ。
2 今日の午後にその店に行く。
3 責任者と直接話す。
4 クレジットカードを申し込む。

（放送された英文）
☆今後のご参考のために、差額の返金は、セール品の1週間以内のお買い上げ品について可能です。それを超える期間の返金は場合によっては可能ですが、責任者の許可が必要です。現在、彼は昼食に出ておりますので、彼に確認してから今日折り返しお電話いたします。また、返金が承認されると、現在お持ちの当店のポイントカードに返金することも選べます。そうしていただければ、次のご購入品が10％安くなるクーポンも受け取れます。

【 例 題 2 】

Situation: You are at a comic-book convention. You want to attend the panel discussion. You are a vegetarian. You hear the following announcement.

Question: Where should you get your lunch?
1 Mary Jane's.（メアリー・ジェインズ）
2 The Mediterranean restaurant.（地中海レストラン）
3 The Indian food stand.（インド料理スタンド）
4 The first-floor café.（ファースト・フロア・カフェ）

(2018年度第3回(27)より一部抜粋)

放送された英文

★Thank you everyone. We'll break for lunch now. The next event, the panel discussion with Brian Reynolds, creator of *Space Dynasty*, will begin in one hour. For lunch options, if you like hamburgers, Mary Jane's restaurant is just across the street. For vegetarians, there's a Mediterranean restaurant two blocks east of here. It's popular, though, so there'll be at least an hour wait for tables. There's also an outdoor Indian food stand nearby, which has a variety of meat and nonmeat options, so you could get something there and eat in the lobby of this building, where there's plenty of seating. Unfortunately, the café on the first floor is closed for remodeling.

解説

上記のような状況と質問に対して与えられている選択肢はすべて食事ができる場所の名前です。
それぞれのレストランの説明を聞きながら、状況設定文で与えられた、
　　①パネルディスカッションに参加したい
　　②ベジタリアン
という条件をクリアできるレストランを選びます。

1「メアリー・ジェインズ」は放送文の4文目に出てきますが、if you like hamburgers（ハンバーガーが好きなら）からハンバーガー店とわかるので、ベジタリアンは入ることができません。
2 の「地中海レストラン」は、5文目に For vegetarians, there's a Mediterranean restaurant（ベジタリアンのためには地中海レストランがある）と紹介されています。しかし、続く6文目に、It's popular, though, so there'll be at least an hour wait for tables.（しかし、ここは人気があるので、着席するまで少なくとも1時間待ちだ）とあります。放送文の2文目に、the panel discussion ... will begin in one hour（…のパネルディスカッションは1時間後に始まる）とあるので、「地中海レストラン」で食べている時間はありません。
3 の「インド料理スタンド」は7文目に紹介があり、その後半に、which has a variety of meat and nonmeat options（そこにはいろいろな肉料理や肉を使わない料理がある）と述べています。同文からがその店がここから近く（nearby）、you could get something there and eat in the lobby of this building（そこで何かを買い、この建物のロビーで食べることもできる）とあり、1時間後のパネルディスカッションにも間に合うことがわかります。**4** の「ファースト・フロア・カフェ」は、放送文の最後の文で閉店していることがわかるので、正解は **3** となります。

解答　3

> **日本語訳**

状況：あなたは漫画本の大会に来ています。あなたはパネルディスカッションに参加したいと思っています。あなたはベジタリアンです。あなたは次のアナウンスが聞こえます。
質問：あなたはどこで昼食を食べるのがよいですか。
（選択肢）
1 メアリー・ジェイン
2 地中海レストラン
3 インド料理スタンド
4 1階のカフェ

（放送された英文）
★皆さま、ありがとうございました。ここで昼食休憩をします。次に行われる、『スペース・ダイナスティ』の考案者、ブライアン・レイノルズが出席するパネルディスカッションは、1時間後に始まります。昼食の場所ですが、ハンバーガーがお好みでしたら、「メアリー・ジェイン」が通路の向かいにあります。ベジタリアンには、ここから東に2ブロックのところに地中海料理のレストランがあります。しかし、ここは人気があるので、着席するまで少なくとも1時間待ちです。近くでは屋外にインド料理の屋台もあります。そこにはいろいろな肉料理や肉を使わない料理があるので、そこで何かを買い、この建物のロビーで食べることができます。ロビーには席がたくさんあります。あいにく、1階のカフェは模様替えのため閉店しています。

Theme 8 トレーニング問題

Real-life形式の内容一致選択問題にチャレンジしてみましょう。
自分で解くときも、音声を流す前に、10秒の準備時間をとって状況設定文と質問文を読み、問題形式に慣れておきましょう。

☐ (1) *Situation:* You are at a bakery choosing a dessert for a dinner party you will host at home. You are allergic to dairy products, and one guest cannot eat nuts.

Question: Which dessert should you choose?
1 The Peach Paradise Pie.   2 The Stars-and-Stripes Apple Cake.
3 The Turtle Clusters.   4 The Carrot Cake Delight.

(2019年度第2回 (28))

☐ (2) *Situation:* You are an engineer. You want to change jobs but cannot accept a lower salary. A recruitment consultant tells you the following.

Question: Which company should you apply to?
1 MasterTech.   2 Blau Industrial.
3 QCS Systems.   4 Redwin.

(2019年度第2回 (29))

☐ (3) *Situation:* You are an international student in your first semester of college. A curriculum coordinator is explaining the English requirements. Your placement-test score was 74.

Question: Which English class should you register for now?
1 English I.   2 English II.
3 English Plus.   4 English Academic.

(2019年度第1回 (29))

☐ (4) *Situation:* Your car is leaking oil. The problem began after you had your oil changed. When you call ATC Auto Repairs, the shop manager tells you the following.

Question: What should you do first?
1 Drive back to the shop.   2 Check your oil level.
3 Tighten the oil-tank plug.   4 Ask a mechanic to come to your house.

(2018年度第3回 (28))

☐ (5) *Situation:* A hotel staff member is explaining transportation options for getting to the airport. You want to make sure restrooms are available for your young children, and you want the cheapest option.

Question: How should you get to the airport?
1 Take a taxi.   2 Ride the train.
3 Use the subway.   4 Reserve the airport shuttle bus.

(2018年度第2回 (27))

☐ (6) *Situation:* You and your husband are adopting a child. You currently both have to work until 6 p.m. every weeknight. You receive a voice mail from Welfare Services.

Question: What should you do next?
1 Visit Tina at her office.   2 Send the paperwork by email.
3 Go to the courthouse.   4 Talk to your caseworker.

(2018年度第2回 (25))

(1) 解答　**2**

▶放送された英文

★Let me tell you about our seasonal special. It's Peach Paradise Pie, which uses fresh peaches and authentic dairy custard—it's very creamy and absolutely heavenly! On the regular menu, the Stars-and-Stripes Apple Cake is a popular dessert this time of year, and it contains no dairy or nuts. Our biggest seller this month is Turtle Clusters. They're packed with caramel, hazelnuts, and pecan nuts. Last but not least, we have the Carrot Cake Delight, which has walnuts and raisins. It uses locally made butter, and our customers love it.

日本語訳　（放送された英文）
季節限定品をご紹介しましょう。ピーチパラダイス・パイです。新鮮な桃と本場の乳製品のカスタードを使っています。カスタードはとてもクリーミーで絶品です！　通常のメニューでは、スターズ・アンド・ストライプス・アップルケーキが毎年この時期に人気のあるデザートです。そしてこちらには乳製品やナッツは含まれていません。今月いちばん売れているのはタートル・クラスターズです。キャラメルとヘーゼルナッツ、そしてピーカンナッツが詰まっています。大事なことをひとつ言い残しましたが、クルミとレーズンの入ったキャロットケーキ・デライトがあります。地元で作られたバターが使われており、当店のお客さまはとてもお気に入りです。

（状況）
You are at a bakery choosing a dessert for a dinner party you will host at home. You are allergic to dairy products, and one guest cannot eat nuts.
あなたはケーキ店で、家で催す夕食会用のデザートを選んでいます。あなたは乳製品にアレルギーがあり、ゲストの1人はナッツを食べられません。

選択肢と訳　あなたはどのデザートを選ぶべきですか。

1 The Peach Paradise Pie.
2 The Stars-and-Stripes Apple Cake.
3 The Turtle Clusters.
4 The Carrot Cake Delight.

1 ピーチパラダイス・パイ。
2 スターズ・アンド・ストライプス・アップルケーキ。
3 タートル・クラスターズ。
4 キャロットケーキ・デライト。

解説　質問はWhich dessert should you choose?（あなたはどのデザートを選ぶべきですか）。説明を聞き、乳製品とナッツが入っていないデザートを選択します。
（**1** The Peach Paradise Pie）
放送文の2文目に、材料はfresh peaches and authentic dairy custard（新鮮な桃と本場の乳製品のカスタード）とあります。dairy（乳製品）が聞き取れれば、乳製品が関係するデザートだとわかるので、選択できません。
（**2** The Stars-and-Stripes Apple Cake）
3文目の後半に、it（＝the Stars-and-Stripes Apple Cake）contains no dairy or nuts（乳製品やナッツは含まれていない）と述べられているので、これが正解です。
（**3** The Turtle Clusters）
5文目にhazelnutsとpecan nutsというナッツが含まれているとあるので選べません。
（**4** The Carrot Cake Delight）
6、7文目にwalnutsというナッツやバターが含まれているとあるので選べません。

(2) 解答　**2**

▶放送された英文
☆There's an opening at MasterTech. The job is similar to what you do now. It's a successful, well-run business, but they cannot match your current pay. Next up, Blau Industrial is looking for a senior engineer. Your experience definitely qualifies you, and you'd get a pay raise, too. Finally, QCS Systems has an opening. The salary at

---

vocabulary

☐ **seasonal special**「季節限定品」
☐ **authentic**「本場の」
☐ **dairy**「乳製品」
☐ **custard**「カスタード」
☐ **heavenly**「素晴らしい」
☐ *be* **packed with** ～「～が詰まっている」
☐ **last but not least**「大事なことを言い残していたが（決まり文句）」
☐ **bakery**「ケーキ屋、パン屋」
☐ **host**「～を主催する」
☐ *be* **allergic to** ～「～にアレルギーがある」

☐ **opening**「就職口、欠員」
☐ **well-run**「経営状態のいい」
☐ **match**「～と同額を支払う」

113

QCS can vary a lot based on bonuses. It's likely you'll earn less than you do now some years. I thought there'd be a job coming up with Redwin, but they've decided not to replace the engineer who's leaving.

日本語訳　（放送された英文）

マスターテックに就職口があります。その仕事はあなたが今やっている仕事に似ています。会社はうまくいっていて経営状態は良いですが、あなたの現在の給料と同額を支払うことができません。次に、ブラウ工業は上級エンジニアを募集しています。あなたの経験なら間違いなく資格十分ですし、給料も上がるでしょう。最後に、QCSシステムズに就職口があります。QCSの給料はボーナスに基づいて大幅に変動する可能性があります。年によって、給料はあなたが今稼いでいるよりも少なくなりそうです。レッドウィンにも職の募集が出るだろうと思いましたが、退職するエンジニアの代わりは入れないことに決めています。

（状況）

You are an engineer. You want to change jobs but cannot accept a lower salary. A recruitment consultant tells you the following.

あなたはエンジニアです。あなたは転職したいと思っていますが、給料が低くなるのは容認できません。就職コンサルタントは次のようにあなたに話します。

選択肢と訳　あなたはどの会社に応募すべきですか。

1 MasterTech.
2 Blau Industrial.
3 QCS Systems.
4 Redwin.

1 マスターテック。
2 ブラウ工業。
3 QCSシステムズ。
4 レッドウィン。

解説　転職の条件としては給料が下がらないことで、質問はWhich company should you apply to?（どの会社にあなたは応募すべきですか）。コンサルタントは4つの会社に言及しています。

（**1** MasterTech）
放送文の2文目に、仕事内容はsimilar to what you do now（あなたが今やっている仕事に似ている）とありますが、続けてcannot match your current pay（現在の給料と同額を支払うことができない）とあるので、条件に合いません。

（**2** Blau Industrial）
5文目に、Your experience definitely qualifies you（あなたの経験なら間違いなく資格十分だ）、また、you'd get a pay raise（給料も上がるだろう）と言っているので、正解。

（**3** QCS Systems）
8文目に、It's likely you'll earn less than you do now（今稼いでいるよりも少なくなりそう）とあるので条件に合いません。

（**4** Redwin）
最終文の後半に、they've decided not to replace the engineer who's leaving（退職するエンジニアの代わりは入れないことに決めた）とあり、就職口はありません。

(3)　**解答**　**2**

▶放送された英文

★OK, everyone, I'll go over the English requirements. You must take the courses in order, but high scorers on the placement test can get advanced placement. If you scored below 60, you'll need to start with the basics in English I. A score of 79 or above allows students to skip English I and II. Instead, you can register for an advanced course, English Plus. Everyone else should start with English II. In the second year, all students must complete English Academic, which focuses on academic writing.

---

vocabulary

□ **current**「現在の」

□ **industrial**「工業の」

□ **senior engineer**「上級エンジニア」

□ **definitely**「確実に」

□ **qualify**「〜に資格を与える」

□ **vary**「変化する」

□ **come up**「生じる」

□ **recruitment consultant**「就職コンサルタント」

□ **apply to 〜**「〜に応募する」

□ **go over 〜**「〜を見直す、確認する」

□ **requirement**「要件」

□ **take the courses**「コースを取る」

□ **in order**「順番に」

日本語訳　（放送された英文）
では、みなさん、私が英語の要件のおさらいをします。あなたたちは順番にコースを取らなければいけませんが、クラス分けテストが高スコアの人は上級のクラスを受講できます。点数が60点未満だったら「英語Ⅰ」で基礎から始める必要があるでしょう。79点以上であれば、「英語Ⅰ」と「Ⅱ」をスキップできます。その代わりに、上級コースの「英語プラス」に登録できます。他の方はみな、「英語Ⅱ」から始めるのがよいでしょう。2年次では、すべての学生がアカデミック・ライティングに焦点を当てた「英語アカデミック」を修了しなければなりません。

（状況）
You are an international student in your first semester of college. A curriculum coordinator is explaining the English requirements. Your placement-test score was 74.
あなたは大学の前期を迎えている留学生です。カリキュラム・コーディネーターが英語の要件について説明しています。あなたのクラス分けテストの点数は74点でした。

選択肢と訳　あなたは今のところ、どの英語のクラスに登録すべきですか。

　　1 English I.
　　2 English II.
　　3 English Plus.
　　4 English Academic.

　　1 英語Ⅰ。
　　2 英語Ⅱ。
　　3 英語プラス。
　　4 英語アカデミック。

解説　状況設定文にcurriculum（カリキュラム）や、A curriculum coordinator is explaining the English requirements（カリキュラム・コーディネーターが英語の要件を説明している）などの表現があるので、放送されるのは英語の授業を取るときに必要な要件に関する説明だとわかります。また、Your placement-test score was 74.（あなたのクラス分けテストの点数は74点だった）と状況説明がなされています。
質問はWhich English class should you register for now?（あなたは今のところ、どの英語のクラスに登録すべきですか）。74点がどの授業を取るのに適しているのかを聞き取ることがポイントになります。
放送文の2文目に、You must take the courses in order（あなたたちは順番にコースを取らなければならない）、but high scorers on the placement test can get advanced placement（だが、レベル分けテストが高スコアの人は、上級のクラスを受講できる）とあります。この2つのポイントは3文目と4文目で具体的に説明されています。
　3文目：If you scored below 60, you'll need to start with the basics in English I.
　　　　（60点未満だったら「英語Ⅰ」の基礎から始める必要があるだろう）
　4文目：A score of 79 or above allows students to skip English I and II.
　　　　（79点以上であれば、「英語Ⅰ」と「Ⅱ」をスキップできる）
ここまででは、74点を取った人がどの授業を取るべきかは不明ですが、
　6文目：Everyone else should start with English II.
　　　　（他の方はみな、「英語Ⅱ」から始めるのがよい）
とあります。従って、正解は**2**。
1は60点未満の学生が取る授業。**3**は79点以上の学生が取る授業。**4**に関しては最終文で、In the second year, all students must complete（2年次では、すべての学生が履修しなければならない）と述べられています。

(4) **解答** **2**

▶放送された英文
☆Bob, who changed your oil, is a great mechanic, so it's unlikely he's at fault. Sometimes parts fail, however. It could be a filter problem or the oil-tank plug may have come loose. Check the oil level right away and see if you're still above the "low" mark. If so, you're probably OK for now, but you should get the car checked by a professional as soon as possible. I can set you up with a free inspection here at ATC.

vocabulary

□ **placement test**「プレイスメントテスト（習熟度別クラス分けテスト）」
□ **advanced**「上級の」
□ **score**「得点をとる」
□ **register**「登録する」
□ **academic**「アカデミックな、学術的な」

□ **mechanic**「整備士」
□ **at fault**「責任がある」
□ **fail**「役に立たなくなる」
□ **plug**「栓」
□ **come loose**「緩くなる」
□ **professional**「専門家」

If the oil is below the low mark, call me back right away, and I'll send a mechanic to your house. Don't drive the car as it may damage the engine.

日本語訳 （放送された英文）
ボブがあなたのオイルを交換しましたが、彼は腕のたしかな整備士ですので、彼に責任があるようには思えません。しかし、部品がダメになることもあります。フィルターの問題かオイルタンクの栓が緩くなってきたのかもしれません。オイルの量をすぐにご覧いただき、まだ「low」の表示より上にあるかどうかを確認してください。もしそうであれば、今のところは大丈夫ですが、できるだけ早く専門の人に車を見てもらった方がいいです。ATCではお客さまに、無料の検査をご用意できます。オイルが「low」の表示よりも下にあれば、すぐに私に折り返し電話をください。ご自宅に整備士を派遣します。エンジンを傷つける可能性があるので、車は運転しないでください。

（状況）
Your car is leaking oil. The problem began after you had your oil changed. When you call ATC Auto Repairs, the shop manager tells you the following.
あなたの車はオイル漏れを起こしています。その問題はオイルを交換してもらったあとに始まりました。あなたがATC自動車修理店に電話すると、店長が以下のように言います。

選択肢と訳 あなたはまず、何をすべきですか。

1 Drive back to the shop.
2 Check your oil level.
3 Tighten the oil-tank plug.
4 Ask a mechanic to come to your house.

1 店に車で戻る。
2 オイルの量を確認する。
3 オイルタンクの栓をしっかり締める。
4 整備士に家に来るよう頼む。

解 説 状況設定文から、放送文の話し手は店長だとわかります。店長はオイルを交換した人は a great mechanic（腕のたしかな整備士）で、it's unlikely he's at fault（彼に責任があるようには思えない）と述べた上で、a filter problem（フィルターの問題）か oil-tank plug（オイルタンクの栓）に原因があるかもしれないと伝えています。
質問は What should you do first?（あなたはまず、何をすべきですか）。最初にすべきことを聞かれているので、right away（今すぐ）という表現がある4文目の Check the oil level right away and see if you're still above the "low" mark.（油量をすぐにご覧いただき、まだ「low」の表示より上にあるかどうかを確認してください）が解答の根拠となります。従って、正解は **2**。
1 は述べられていません。**2** はトラブルの原因として「オイルタンクの栓が緩くなっているかもしれない」とありますが、「オイルタンクの栓をしっかり締める」とは述べられていないので不可。**4** は「オイルがlowより低い場合、私（＝店長）があなたの家に整備士を派遣する）と述べられているので不正解。

(5) **解 答** **3**
☆Getting to the airport typically takes about 90 minutes by road or rail if all goes smoothly. The airport shuttle bus is reasonably priced, but it doesn't have a toilet and you can't get off once your ride has begun. Taxis are pricey, but cabdrivers always know where the nearest public restrooms are. The subway and train are the least expensive options. You can get off at any station on both lines, and all have restrooms. The regular train is usually faster than the subway, but since track maintenance is scheduled today, you can expect long delays, so I wouldn't recommend that way.

日本語訳 （放送された英文）
空港に行くには、すべてスムーズに行けば車や列車で通常90分程度かかります。空港へのシャトルバスはお手頃な値段ですが、トイレがついておらず、一旦乗ってしまうと降りられません。タクシーは値段が高いですが、運転手は最寄の公衆トイレの場所を常に心得ています。地下鉄と列車は最も安い手段です。どちらの路線もどの駅でも降りられますし、すべての駅にト

---

vocabulary

□ **set A up with ～**「Aに～を手配する」

□ **inspection**「検査」

□ **leak**「～が漏れる」

□ **tighten**「～を締める」

□ **get to ～**「～に到着する」

□ **typically**「通常」

□ **by road**「車で」

□ **go smoothly**「うまくいく」

□ **reasonably**「手頃で」

□ **once SV**「いったんSがVすると」

□ **pricey**「値段が高い」

□ **cabdriver**「タクシー運転手」

116

イレがあります。通常の列車はたいてい地下鉄よりも速いですが、今日は線路のメンテナンスが予定されているので、かなり遅れることが見込まれます。ですので、その方法はお勧めしません。

（状況）
A hotel staff member is explaining transportation options for getting to the airport. You want to make sure restrooms are available for your young children, and you want the cheapest option.
ホテルのスタッフが、空港へ行くための交通手段を説明しています。あなたは幼い子どものために、トイレが使えることを確認したく、また、一番安い手段を望んでいます。

選択肢と訳　あなたはどのようにして空港に行くべきですか。

1 Take a taxi.
2 Ride the train.
3 Use the subway.
4 Reserve the airport shuttle bus.

1 タクシーに乗る。
2 電車に乗る。
3 地下鉄を利用する。
4 空港へのシャトルバスを予約する。

解説　質問は How should you get to the airport?（あなたはどのようにして空港に行くべきですか）。スタッフの説明を聞き、状況設定文にある「トイレが付いている」「一番安い」という2条件を満たす選択肢を選びます。
放送文の4文目に the least expensive options（一番高価ではない方法）、つまり「一番安い行き方」という表現があり、The subway and train are the least expensive options.（地下鉄と列車が一番高価ではない選択肢だ）から、地下鉄か列車のどちらかが正解になります。その2つの交通手段について、

5文目：You can get off at any station ... all have restrooms.
（あなたはどこの駅でも降りられ、すべての駅にトイレがある）
6文目：The regular train is usually faster ... since track maintenance is scheduled today
（通常の列車はたいてい地下鉄よりも速いが、今日は線路のメンテナンスがある）
expect long delays
（かなり遅れることが予想される）
I wouldn't recommend that way
（その方法はお勧めしない）

と述べられています。that way とは6文目の train を指しているので、正解は **3** の Use the subway.（地下鉄を使う）となります。
1 はタクシーについては pricey（値段が張る）と説明されているので誤り。**2** については路線のメンテナンスのため遅延が予想され、おすすめしないと述べられているので誤り。**4** はシャトルバスはトイレがないと述べられているので誤り。

---

(6) **解答** **2**
☆This is Tina, the coordinator at Welfare Services. I've received the final approval report from your caseworker. Everything looks fine with that, but I'm still waiting for the final registration paperwork I e-mailed you. It's due on Friday. If you can drop by my office, we can check it together. I'll be here until 5 p.m. this Wednesday, Thursday, and Friday. Alternatively, you can attach it to an e-mail, and I'll get back to you if there's a problem. If everything is in order, a court judge will sign the papers next week. You'll then be the child's legal parents.

日本語訳　（放送された英文）
福祉サービスのコーディネーターのティナです。ケースワーカーからの最終承認用紙を受け取りました。問題なさそうですが、メールでお送りした、最終登録用紙をお待ちしております。期限は金曜日です。私のオフィスにお越しいただけるのであれば、一緒に確認できます。今週の水、木、金曜の午後5時までここにいます。あるいは、あなたはそれをメールに添付することができます。もし、何か問題があればご連絡します。順調にいけば、来週には裁判所の判事が書類にサインします。その後、あなたが子どもの法

---

vocabulary

□ **public restroom**「公衆トイレ」
□ **be scheduled**「予定されている」
□ **expect**「～を予想する」
□ **delay**「遅れ」
□ **transportation**「交通機関」
□ **make sure ～**「～ということを確認する」
□ **available**「利用可能な」

□ **coordinator**「コーディネーター」
□ **receive**「受け取る」
□ **approval**「承認の」
□ **caseworker**「ケースワーカー」
□ **registration**「登録」
□ **due**「期限」
□ **drop by**「立ち寄る」
□ **alternatively**「代わりに、あるいは」
□ **attach**「添付する」

的な親になります。

You and your husband are adopting a child. You currently both have to work until 6 p.m. every weeknight. You receive a voice mail from Welfare Services.

（状況）
あなたと夫は養子縁組をしようとしています。現在、あなたたちは二人とも平日の夜6時まで働かなくてはなりません。あなたは福祉サービスから留守番電話のメッセージを受け取りました。

選択肢と訳 あなたは次に何をすべきですか？

1 Visit Tina at her office.
2 Send the paperwork by email.
3 Go to the courthouse.
4 Talk to your caseworker.

1 ティナのオフィスを訪れる
2 メールで書類を送る
3 裁判所に行く
4 ケースワーカーと話す

解 説 状況は、養子縁組を考えている夫婦に向けた留守番電話で、夫婦そろって平日は6時まで仕事ということです。留守番電話の内容は養子縁組の書類に関することですが、メッセージを残したティナが I'm still waiting for the final registration paperwork（私は最終登録用紙を待っている）と述べているので、この夫妻は養子縁組に必要な書類が未提出だとわかります。その上で、ティナは提出方法について述べており、解答根拠は you can attach it to an e-mail（あなたはそれをメールに添付することができます）です。この it は the final registration paperwork を指しており、正解は **2** となります。
選択肢 **1** について、ティナはメッセージの中で I'll be here until 5 p.m.（5時までここ（オフィス）にいる）と述べていますが、夫妻は6時まで仕事のため不可です。また **3** や **4** は courthouse（裁判所）や caseworker（ケースワーカー）という放送文で用いられた単語を使ったひっかけの選択肢です。

vocabulary

- [ ] **in order**「順調にすすむ」
- [ ] **court**「裁判所」
- [ ] **judge**「判事」
- [ ] **legal**「法的な」
- [ ] **adopt**「養子にする」
- [ ] **currently**「現在」

Chapter 4

読 Reading

- ポイント解説
- トレーニング問題

Theme 9 短文の語句空所補充問題をおさえよう！

●ポイント解説

Point① 準1級の短文の語句空所補充問題はどんな問題？

○短文、または短い会話文の空所にあてはまる適切な選択肢を選ぶ問題。
○語彙や熟語が主に問われ、文法問題はありません。
○問題数：25問

Point② 準1級の短文の語句空所補充問題の攻略方法とは？

○単語の用法を押さえる
　まずは単語の意味を覚えることが重要です。その時に日本語訳だけでなく、**相性の良い語句（コロケーション）** も覚えましょう。
それでは早速、3問の例題に取り組んでみましょう。

【 例 題 1 】

Anyone who is (　　　　) to become an Olympic athlete knows that it takes a tremendous amount of effort to achieve this dream.
1 striving　**2** distributing　**3** surrendering　**4** discouraging

(2018年度第3回 (4))

解説

knows that it takes a tremendous amount of effort to achieve this dream（この夢を達成するのに途方もない努力が必要なことを知っている）とあるので、knowsの主語は何かを考えます。すると、空所を含む部分を「オリンピック選手になろうと<u>努力している人</u>」という意味にすればよいことがわかります。最も適切なのは **1** striving「努力する」です。**strive to** *do*「～しようと努力する」は必ずおさえておきましょう。
2 distributing「～を分配する」　**3** surrendering「～を引き渡す、降参する」　**4** discouraging「～を落胆させる、～を阻止する」。**discourage *A* from *do*ing**「Aが～するのを阻止する」の形でよく使われます。

解答　1

日本語訳
オリンピック選手になろうと**努力している**人は誰でも、この夢を達成するのに途方もない努力が必要なことを知っています。

1 努力する　　2 ～を分配する　　3 ～を引き渡す　　4 ～を落胆させる

Key

単語を覚えるときに注意すること

例題1は、*strive to do* のように単語がとる形から解くこともできます。単語を覚えるとき、意味を覚えるのはもちろん大切ですが、**どういった形をとるのか、どんな単語と一緒に使われるのかをぜひ覚えましょう**。こうした知識は、ライティングやスピーキングに生かすことができます。

【 例 題 2 】

In the 1800s, European (　　　　　) went to Africa to convert people to Christianity. Upon returning home, many of them wrote accounts of their experiences.

1 janitors　**2** stewards　**3** tailors　**4** missionaries

(2018年度第3回 (2))

解説

空所の後ろに、to convert people to Christianity (人々をキリスト教に改宗させるために) とあるので、「ヨーロッパの (　　) はアフリカに行った」には **4** missionaries「宣教師」が入ります。それぞれの選択肢の意味は **1** janitors (管理人)　**2** stewards (給仕)　**3** tailors (仕立屋)。それぞれ複数形になっていて、文法上はすべて空所にあてはめることができますが、文意から、正解の選択肢missionariesを選ばなければなりません。この問題のように、文法や語法ではなく意味を知っているかどうかで判断できる問題も多く出題されます。

解答　**4**

日本語訳

ヨーロッパの**宣教師**は1800年代、人々をキリスト教に改宗させるためにアフリカに行きました。国に戻るとすぐに、彼らの多くが自らの体験談を書きました。

1 管理人　　**2** 給仕　　**3** 仕立屋　　**4 宣教師**

【 例 題 3 】

A: Do you think the owner will accept our offer to buy the house?

B: I don't know. I guess it (　　　　　) whether he receives a better offer from someone else.

1 gets away with　**2** comes down to　**3** keeps up on　**4** stands up to

(2018年度第3回 (23))

解説

「家主が申し出を受け入れると思うか」と尋ねるAに対し、B空所を含む文で「彼が他の人からもっといい申し出を受けるかどうかに (　　) と思う」とあるので、**2** comes down to ～「結局～になる、～に帰着する」が入ります。それぞれの選択肢の意味は **1** gets away with ～「～で対処する」　**3** keeps up on ～「～についていく」　**4** stands up to～「～に立ち向かう」です。筆記 1 ではこのような熟語問題も出題されます。また、この例題のように会話形式になっている問題も出題されます。

解答　**2**

日本語訳

A：家主さんは、その家を買うという私たちの申し出を受け入れると思う？

B：わからない。**結局**、彼が他の人からもっといい申し出を受けるかどうか**になる**と思うよ。

1 ～で対処する　　**2 結局～になる**　　**3** ～についていく　　**4** ～に立ち向かう

121

Theme 9 トレーニング問題

目標解答時間 5分

短文の語句空所補充問題にチャレンジしましょう。問題文を読む際は空所の前後に注目しましょう。

☐ (1) Because of a late delivery of raw materials, the factory's workers were (　　　) for several days, causing production to fall behind schedule.

1 idle　**2** corrupt　**3** petty　**4** cordial

(2018年度第3回(7))

☐ (2) The young violinist shows promise but needs to (　　　) her technique. Her teacher feels that, with more practice, she could one day perform professionally.

1 refine　**2** amuse　**3** shred　**4** accompany

(2018年度第3回(13))

☐ (3) Victor has begun to feel (　　　) of his long commute to work. He says he will look for an apartment closer to his office.

1 weary　**2** verified　**3** cheery　**4** rash

(2018年度第3回(16))

☐ (4) *A*: Alexandra, did you (　　　) for the encore at the concert last night? I had to leave a bit early.
B: I did, Ben. The group performed three more songs, which was great!

1 stick around　**2** step down　**3** play up　**4** take off

(2018年度第3回(25))

☐ (5) The new employee impressed his colleagues by working (　　　). He finished every one of his assignments ahead of time.

1 incompetently　**2** mischievously　**3** diligently　**4** passively

(2019年度第2回(1))

☐ (6) The (　　　) in the nation's economy led to a sudden increase in the unemployment rate. "Times are difficult for everyone," said the president.

1 influx　**2** humidity　**3** downturn　**4** lantern

(2019年度第2回(3))

122

- (7) The bookshelf was very (   ), so Ed knew it could support the weight of all of his heavy medical textbooks without breaking.

    1 sturdy   **2** harsh   **3** barren   **4** vigilant

    (2019年度第2回(6))

- (8) Sara's boss was on the phone when she entered his office. He (   ) her presence with a small nod but did not interrupt his conversation to speak to her.

    1 launched   **2** imitated   **3** accelerated   **4** acknowledged

    (2019年度第2回(8))

- (9) *A*: Craig, did they manage to fix that burst pipe at the construction site down the street?
  B: Yes, thank goodness. It was (   ) so much water I thought the entire neighborhood would flood!

    1 fizzing   **2** gushing   **3** howling   **4** puffing

    (2019年度第2回(10))

- (10) After receiving an expensive Christmas present from her neighbors, Cassandra felt (   ) to give them something in return, so she bought them a nice vase.

    1 obliged   **2** wrinkled   **3** strangled   **4** scattered

    (2019年度第2回(18))

- (11) When Tom first (   ) his idea for a new product, his boss did not seem to like it. He was therefore surprised the next day to hear that his proposal had been accepted.

    1 put forth   **2** backed off   **3** fell under   **4** piled up

    (2019年度第2回(22))

- (12) Shelly said the cat had knocked the glass off the table, but her father immediately (   ) her story. It was obvious she was lying.

    1 saw through   **2** won over   **3** told on   **4** rounded up

    (2019年度第2回(24))

(1) **解答** **1**

日本語訳 原材料が遅れて届いたのが原因で、工場の労働者は数日間**仕事をせず**、そのせいで製造の予定が遅れました。
1 仕事をしない　**2** 堕落した　**3** ささいな　**4** 心からの

解説 Because of a late delivery of raw materials「原材料が遅れて届いたのが原因で」とあるので、「工場の労働者は数日間（　）だった」には**1** idle「仕事をしない」が入ります。

---

(2) **解答** **1**

日本語訳 その若いバイオリニストは有望だが、技術**を磨く**必要があります。彼女の先生は、もっと練習すれば、彼女はいつか職業として演奏できるかもしれないと思っています。
1 〜を磨く　**2** 〜を楽しませる　**3** 〜を細く切る　**4** 〜に同行する

解説 2文目に「もっと練習すれば、彼女はいつか職業として演奏できるかもしれないと思っている」とあるので、「彼女の技術を（　）する必要がある」には**1** refine「〜を磨く」が入ります。**4** のaccompanyは他動詞なのでwithは不要。

---

(3) **解答** **1**

日本語訳 ビクターは長時間通勤に**疲れ**を感じ始めています。彼は、会社にもっと近いアパートを探すと言っています。
1 疲れた　**2** 証明された　**3** 陽気な　**4** 軽率な

解説 2文目に「会社にもっと近いアパートを探す」とあるので、「ビクターは長時間通勤に（　）」には**1** weary「疲れた」を入れると文意に合います。

---

(4) **解答** **1**

日本語訳 A：アレクサンドラ、君は昨夜のコンサートでアンコールを**しばらく待っ**ていた？　僕は少し早く帰らなければいけなかったんだ。
B：待っていたわよ、ベン。そのグループはもう3曲演奏して、それがすごくかったの！
1 しばらく待つ　**2** 退陣する　**3** 〜を強調する　**4** 〜を取り除く

解説 Aの発言に「早く帰らなければいけなかった」、Bの発言に「（アンコールとして）もう3曲演奏した」とあります。AはBに冒頭で「昨晩のコンサートでアンコールを（　）」と聞いているので、**1** stick around「しばらく待つ」を入れると文意に合います。

---

(5) **解答** **3**

日本語訳 新しい従業員は**まじめに**働いて同僚に感銘を与えました。彼は予定より早く、与えられた仕事の1つひとつを終わらせました。
1 無資格で　**2** いたずらっぽく　**3 勤勉に**　**4** 受動的に

解説 1文目に「新しい従業員は（　）働いて同僚に感銘を与えた」とあり、その理由が2文目にHe finished every one of his assignments ahead of time.「彼は予定より早く、与えられた仕事の1つひとつを終わらせた」とあるので、**3** diligently「勤勉に、まじめに」を入れると文意に合います。

---

(6) **解答** **3**

日本語訳 国の経済が**下降**し、失業率の突然の上昇につながりました。「誰にとっても大変な時代だ」と大統領は言いました。
1 流入　**2** 湿度　**3 下降**　**4** 手提げランプ

解説 1文目に「国の経済の（　）が失業率の突然の上昇につながった」とあるので、失業率の上昇を導くものを選びます。よって、**3** downturn「下降」が正解です。

---

(7) **解答** **1**

訳 その本棚はとても**頑丈**なので、エドは、その棚が壊れずに重い医学書すべてを支えることができるとわかっていました。
1 頑丈な　**2** 厳しい　**3** 内容の貧弱な　**4** 用心深い

---

vocabulary

□ **raw material**「原材料」

□ **show promise**「有望である」

□ **commute**「通勤」

□ **encore**「アンコール」

□ **assignment**「割り当てられた仕事」
□ **ahead of time**「予定より早く」

□ **unemployment rate**「失業率」

□ **medical**「医学の」

解説 so ... it could support the weight ... without breaking.「だから、壊れずに重い医学書すべてを支えることができる」と続いているので、どんな本棚か考えると、**1 sturdy**「頑丈な、しっかりした」を入れれば文意に合います。

---

(8) **解答** 4

日本語訳 サラの上司は、サラが彼の仕事部屋に入ったとき、電話中でした。彼は小さくうなずき、彼女の存在に**気づいたことを示し**ましたが、彼女に話しかけるために会話を中断させることはしませんでした。
　1 〜を開始する　**2** 〜を真似る　**3** 〜を早める　**4** 〜**に気づいたことを示す**

解説 1文目から、サラの上司は電話中だったことがわかります。2文目の後半に、but did not ... to speak to her「しかし、彼女に話しかけるために会話を中断させることはしなかった」とあるので、サラと話はしなかったが、彼女が来たことはわかっていたことになります。よって、正解は **4 acknowledged**「〜に気づいたことを示す」です。

---

(9) **解答** 2

日本語訳 A：クレイグ、通りの先の工事現場の壊れた水道管を、彼らは何とか修理できたの？
　B：うん、よかったよ。かなり多くの水を**噴き出して**いたので、近隣全体が洪水になるかと思ったよ！
　1 シューと音を立てる　**2** 〜**を噴き出す**　**3** 吠える　**4** 煙をプッと吹く

解説 Aの発言から、道路で水道管が壊れていたことがわかります。Bはそれに対しIt was (　　) so much water I thought ... flood.「それはかなり多くの水を (　　) ので、近隣全体が洪水になるかと思った」と言っているので、**2 gush**「〜を噴き出す」を入れると文意に合います。

---

(10) **解答** 1

日本語訳 カサンドラは、隣に住む人たちから高価なクリスマスプレゼントを受け取った後、お返しに何かをあげ**なければ**と思い、彼らにすてきな花瓶を買ってあげました。
　1 〜**しなければならないと思う**　**2** しわが寄る
　3 〜を抑圧する　　　　　　　**4** 〜をまき散らす

解説 1文目のAfter receiving ... from her neighbors「隣に住む人たちから高価なクリスマスプレゼントをもらった後」と、2文目後半のshe bought them a nice vase「彼女は彼らにすてきな花瓶を買った」から、カサンドラは高価なプレゼントのお返しをしなければならないと感じて花瓶を買ったので、**1 obliged**を入れ、be obliged to do「〜しなければならないと思う」の形にすれば文意に合います。

---

(11) **解答** 1

日本語訳 トムが最初に新商品のアイディア**を提案した**とき、彼の上司はその案が気に入らないようでした。だから、彼は翌日、彼の提案が承認されたことを聞いて驚きました。
　1 〜**を提案する**　**2** 口出しをやめる　**3** 〜の管轄に入る　**4** 山積みになる

解説 1文目When Tom first (　　) his idea ... did not seem to like it.「トムが最初に新商品のアイディアを (　　) とき、上司はその案が気に入らないようだった」、2文目で「彼の提案が承認されて驚いた」とあり、トムが新しい商品の考えを上司に提案したので、**1 put forth**「提案する」を入れると文意に合います。

---

(12) **解答** 1

日本語訳 シェリーは猫がそのグラスをテーブルから落としたと言いましたが、父親はすぐに彼女の作り話**を見破り**ました。彼女がうそをついていることは明らかでした。
　1 〜**を見破る**　**2** 〜を説得する　**3** 〜のことを告げ口する　**4** 〜を集める

解説 1文目後半にbut her father immediately (　　) her story「父親はすぐ彼女の作り話を (　　)」とあり、2文目には「うそをついているのは明らか」とあるので、**1 saw through**「〜を見破る」を入れると文意に合います。

---

vocabulary

☐ **nod**「うなずき」
☐ **interrupt**「中断させる」

☐ **manage to** *do*「何とか〜することができる」
☐ **fix**「〜を修理する」
☐ **burst**「壊れた、破損した」
☐ **construction site**「工事現場」
☐ **down the street**「通りの先で」
☐ **flood**「洪水になる」
☐ **in return**「お返しに」

☐ **knock** *A* **off**「Aを叩き落とす」
☐ **immediately**「すぐに」
☐ **obvious**「明らかだ」

125

Theme 10 ●ポイント解説

筆記 **2** に対応

長文の語句空所補充問題をおさえよう！

Point① 準1級の長文の語句空所補充問題はどんな問題？

○250字程度のパッセージ中の空所にあてはまる、最適な選択肢を選ぶ問題。
○長文の数：2つ
○問題数：6問（1つの長文に対し、設問数は3問）

Point② 準1級の長文の語句空所補充問題の攻略方法とは？

○空所部分の前後の文脈で判断する
　どの選択肢も文法上は空所に入れることができます。そのため、文法の観点から判断するのではなく、空所の前後の文脈をもとに答えを1つに絞る必要があります。
　早速、例題に取り組んでみましょう。

【 例 題 】

What Happened on Easter Island?

　　The South Pacific island of Rapa Nui, more commonly known as Easter Island, is famous for the hundreds of enormous stone figures called *moai* found throughout its landscape. The *moai* are a reminder of a sophisticated culture that had almost completely disappeared by the time the first European explorers arrived in 1722. The traditional explanation for this disappearance is that (**A**).

　　According to this theory, the inhabitants had been making fishing canoes from the island's trees, but eventually all the trees were cut down and people had to depend on farming alone. Because agricultural technology and rich soil were lacking on the island, however, the land could not support everyone, and competition for the remaining food supply turned violent. This is evidenced by thousands of sharp glass objects — thought to be parts of weapons — found throughout the island. (**B**), the population fell from around 15,000 in 1600 to only a few thousand in 1722.

　　Archaeologists Carl Lipo and Terry Hunt, however, believe the people of Rapa Nui lived sustainably until the arrival of the Europeans. They say the glass objects were likely agricultural tools, and not weapons as generally assumed. Furthermore, analyses of human, animal, and plant remains at two archaeological sites independently show that around half the protein in the inhabitants' diet continued to come from marine sources. This indicates that the people (**C**) growing crops on land. Although exactly what happened to Rapa Nui society is still a mystery, the idea that the inhabitants were to blame now appears doubtful.

（**A**）
1 there was conflict over resources
2 climate change caused food shortages
3 the islanders knew they were coming
4 the *moai* attracted dangerous outsiders

(B)
1 Instead **2** On the other hand **3** Consequently **4** Even so

(C)
1 had gotten used to **2** had not become skilled at
3 decided to focus mainly on **4** were not entirely dependent upon

（2018年度第1回）

解説

(A)
　空所を含む文に「この消失に関するこれまでの見解は（　）だ」とあるので、その見解を文章中に探します。第2段落の冒頭を見ると According to this theory（この説によると）とあるので、以降にその説明がくることが推測できます。1文目「島民は島の木々から漁のためのカヌーを作ってきたが、とうとうすべての木が切り倒され、人々は農業のみに頼らざるを得なくなった」と、2文目「しかし、農業技術と肥沃な土壌が島にはなかったため、その土地で全員をまかなうことができず、残った食糧をめぐる競争は熾烈になった」から、木がなくなり農業に頼るようになったものの、技術も土地もなく食べ物をめぐって争いが起きたことがわかります。よって空所には **1**「資源をめぐって争いがあった」が入ります。

　2「気候変動が食糧不足を引き起こした」は、天候の変化が原因ではないので不正解。**3**「島民は彼らが来るのを知っていた」は述べられていないので不正解。**4**「モアイは危険なよそ者を引き寄せた」も、述べられていないので不正解。

　このように、**空所の前の部分に書いてあることだけでなく、後ろの文がヒントになることもあるので要注意**です。特に、この例題のように答えのヒントが空所のある段落にない場合は厄介です。そして、**代名詞や指示語がヒントになることは多いので**、それぞれが指す内容を理解するようにしましょう。ここでも this theory の this がヒントになっています。

(B)
　空所のある文の前には争いがあったことが書かれています。空所の後ろでは人口が減ったことが書かれているので、**3** Consequently「結果として」を入れ、「争いがあった結果、人口が減った」とすればうまくつながります。同義語の **as a result**「結果として」、**eventually**「最後には」も覚えておきましょう。他の選択肢の意味は以下の通りです。

　1 Instead「代わりに」、**2** On the other hand「一方で」、**4** Even so「たとえそうでも」

Key

接続副詞

文と文との論理関係を示す接続副詞は頻出です。必ず意味をおさえておきましょう。
接続副詞はスピーキングやライティングでも使えます。

① 因果関係　　therefore, thus
② 例　　　　　for example, for instance
③ 添加　　　　also, in addition, additionally, moreover, furthermore
④ 逆説　　　　however, still, nevertheless, nonetheless, on the other hand
⑤ 対比　　　　in / by contrast
⑥ その他　　　**otherwise**（さもないと）, **alternatively**（代わりに）, **instead**（代わりに・そうではなく）

(C)

空所を含む文に「このこと（＝This）は人々が島での農耕に（　）ということを示している」とあるので、Thisの内容に注目しましょう。前文 around half the protein in the inhabitants' diet continued to come from marine sources「島民が食事から摂取していたたんぱく質の約半分は水産資源からもたらされ続けていた」とあります。よって **4** were not entirely dependent upon「～に完全には依存していなかった」を入れれば、「水産資源から栄養をとっていた」→「穀物に完全に依存していたわけではなかった」とつながります。

1 had gotten used to「～に慣れていた」、**2** had not become skilled at「～が得意にならなかった」、**3** decided to focus mainly on「～に主に焦点を合わせていくことを決めた」。

　この設問のように、**動詞句の部分が空所になっていることが非常に多いです。**この場合も、**空所になっている部分だけで答えを出そうとするのではなく、文脈から判断して答えを出すようにしましょう。**

解答　**(A)** 1　**(B)** 3　**(C)** 4

日本語訳

イースター島で何が起こったのか

　イースター島としてより広く知られている南太平洋の島ラパ・ヌイは、島の風景の至るところに見られる、モアイという何百もの巨大な石像で有名です。モアイは、1722年にヨーロッパの探検家たちが初めて到達するまでにほとんど失われていた、洗練されたある文化の名残です。この消失に関するこれまでの見解は、**資源をめぐる対立があった**というものです。

　この説によると、島民は島の木々から漁のためのカヌーを作ってきたが、とうとうすべての木が切り倒され、人々は農業のみに頼らざるを得なくなりました。しかし、農業技術と肥沃な土壌が島にはなかったため、その土地で全員をまかなうことができず、残った食糧をめぐる争いは熾烈になりました。これは、武器の一部だと考えられている何千もの鋭いガラス製の物体が島の至るところから見つかったことで立証されています。**結果として、**1600年に約15,000人だった人口は、1722年にはたった数千人にまで減少しました。

　しかし、考古学者のカール・リポとテリー・ハントは、ラパ・ヌイの人々はヨーロッパ人が来るまで持続可能な暮らしをしていたと考えています。2人は、ガラス製の物体は一般的に想定されているような武器ではなく、農業の道具だった可能性が高いと述べています。さらに、2か所の遺跡の人や動物、そして植物の遺物の分析はそれぞれ、島民が食事から摂取していたたんぱく質の約半分は水産資源からもたらされ続けていたことを示しています。このことは、人々が島での農耕**に完全には依存していなかった**ことを示しています。ラパ・ヌイの社会にいったい何が起こったのかはいまだに謎のままですが、島民に責任があるという考えは今や疑わしく思われます。

(A)

1 資源をめぐる対立があった
2 気候変動が食糧不足を引き起こした
3 島民は彼らが来るのを知っていた
4 モアイは危険なよそ者を引き寄せた

(B)

1 代わりに　　　　2 一方で
3 結果として　　4 たとえそうでも

(C)

1 ～に慣れていた　　　　　　　　　　　2 ～が得意にならなかった
3 ～に主に焦点を合わせていくことを決めた　**4 ～に完全には依存していなかった**

筆記2のポイントは「文法の観点でなく、空所の前後の文脈をもとに判断する」ことでしたね。このことをふまえてトレーニング問題に進みましょう。

Theme 10 トレーニング問題

目標解答時間 各10分

2問のトレーニング問題にチャレンジしてみましょう。空所に入る語句を考える際には、空所の前後の文脈を判断することを意識しましょう。

□ (1)

"Drink Responsibly" Messages

Alcohol producers frequently include messages encouraging people to "drink responsibly" in their advertisements. On the surface, these campaigns appear to reflect companies' sincere efforts to reduce excessive drinking and other negative behaviors associated with alcohol consumption. Some experts, however, are critical of the ads, pointing out that the messages are frequently written in small letters whose colors blend in with the background. (A), the messages are often contradicted by the images in the ads. One vodka advertisement in the United States, for example, was accompanied by a responsibility message, but the advertisement itself featured a character who appeared to have been enjoying vodka all night.

Another criticism is that the messages are (B). Researchers at the Johns Hopkins Bloomberg School of Public Health, in the United States, analyzed dozens of alcohol advertisements from major magazines and found that 87 percent of the ads contained advice to drink responsibly. None, however, defined what this meant or provided health warnings supported by scientific evidence. In fact, critics say that the messages are simply another way to improve the reputation of the alcohol companies.

Some people also complain that alcohol producers use the ads as a way to (C). Whenever there are proposals to increase alcohol taxes or place limitations on where alcohol can be sold or advertised, alcohol manufacturers argue that such measures are not necessary because they already provide responsibility messages in their advertising. No research, however, has indicated that the responsible-drinking messages have any effect whatsoever.

(A)
1 In exchange
2 Therefore
3 On the other hand
4 Furthermore

(B)
1 only effective for a short time
2 directed at the wrong people
3 too vague to be practical
4 often quite frightening

(C)
1 criticize other brands
2 identify loyal customers
3 put blame on the government
4 avoid regulation

(2019年度第2回)

(1) 日本語訳　　　　　　　　　　「責任ある飲酒」のメッセージ

　アルコール製造者は自社の広告内に頻繁に「責任ある飲酒」を奨励するメッセージを入れています。これらのキャンペーンは表面的には、過度な飲酒やアルコール消費にかかわるその他の良くない行動を減らすための、企業の真摯な努力を反映しているように思われます。しかし、専門家の中にはそうした広告に対して批判的な人もいて、メッセージはしばしば、背景と見分けがつかない色の小さな文字で書かれていると指摘しています。さらに、そのメッセージはたびたび、広告中にある画像と矛盾します。例えば、アメリカのあるウォッカの広告は、責任についてのメッセージが添えられているが、広告自体には、一晩中ウォッカを楽しんでいたように見えるキャラクターが取り上げられています。
　別の批判は、メッセージが曖昧過ぎて有効ではないことです。アメリカ合衆国のジョンズ・ホプキンズ・ブルームバーグ公衆衛生大学院の研究者たちは、主要な雑誌のアルコールに関する多くの広告を分析し、そのうちの87%が責任ある飲酒への助言を含んでいることがわかりました。しかし、どれも、これが意味することを定義したり、科学的な証拠に裏付けられた健康への警告を示したりはしていませんでした。実際、批評家はメッセージが単に、アルコール販売企業の評判を良くするための別の手段であると述べています。
　アルコール製造者が規制を回避する方法として広告を利用することに不満を言う人もいます。アルコール税を上げたり、アルコールの販売や広告ができる場所に制限をかけたりするための提案があるときは必ず、広告内で責任に関するメッセージをすでに提示しているという理由で、アルコール製造者はそのような措置は必要ではないと主張します。しかし、責任ある飲酒に関するメッセージが何らかの効果をもつことを示す研究は一切ありません。

(1)-A

解答 4

選択肢の訳
1 引き換えに　2 それゆえ
3 その一方で　4 さらに

解説　接続副詞を入れる問題では空所の前後を見ることが大事です。前文にthe messages are frequently written in small letters whose colors blend in with the background「メッセージはしばしば、背景と見分けがつかない色の小さな文字で書かれている」とあり、空所の後ろにはthe messages are often contradicted by the images in the ads「そのメッセージはたびたび、広告中にある画像と矛盾する」とあります。つまり、空所の前後でともにメッセージの意味のなさが述べられているので、4 Furthermore（さらに）を入れればうまくつながります。

(1)-B

解答 3

選択肢の訳
1 短時間だけ効果的な
2 間違った人に向けられた
3 曖昧過ぎて有効ではない
4 しばしばかなりぞっとさせる

解説　第2段落1文目Another criticism is that the messages are (　　). 「別の批判は (　　) なことである」とあるので、続く文からその批判点を探します。同段落3文目 None, however, defined what this meant or provided health warnings supported by scientific evidence. 「しかし、どれも、これ (広告のメッセージ) が意味することを定義したり、科学的な証拠に裏付けられた健康への警告を示したりはしていなかった」とあります。つまり、メッセージの意味はわかりにくく、メッセージとしての機能を果たしていません。よって 3 too vague to be practicalを入れ、メッセージは曖昧過ぎて有効ではないとすれば文意に合います。

vocabulary

- on the surface「表面的には」
- sincere「誠実な、真摯な」
- excessive「過度な」
- be associated with ～「～と関係している」
- consumption「消費」
- be critical of ～「～に批判的である」
- blend in with ～「～と見分けがつかなくなる」
- contradict「～と矛盾する」
- vodka「ウォッカ」
- be accompanied by ～「～が付いている」
- feature「～を売り物にする、取り上げる」
- public health「公衆衛生」
- define「～と定義する」
- warning「警告」
- complain「～を不満を思う」
- measures「(しばしば複数形) 措置、対策」
- whatsoever「どんなものも、どんなものであれ」
- identify「～を特定する」
- loyal「忠実な」
- put blame on ～「～のせいにする」

(1)–C

解答 **4**

選択肢の訳
1 他のブランドを批判する
2 忠実な顧客を特定する
3 政府のせいにする
4 規制を回避する

解説 第3段落1文目Some people also complain that alcohol producers use the ads as a way to (   ).「アルコール製造者が（   ）する方法として広告を利用することに不満を言う人もいる」とあるので、アルコールの製造者が広告をどのように使っているかを見つけます。同段落の2文目Whenever there are proposals to increase alcohol taxes or place limitations on where alcohol can be sold or advertised, alcohol manufactures argue that such measures are not necessary because they already provide responsibility messages in their advertising.「アルコール税を上げたり、アルコールの販売や広告ができる場所に制限をかけたりするための提案があるときは必ず、広告内で責任に関するメッセージをすでに提示しているという理由で、アルコール製造者はそのような措置は必要ではないと主張する」とあり、広告のメッセージを盾に増税や売り場制限に反対していることがわかります。よって、**4** avoid regulationを入れ、規制（増税や売り場制限）を回避するために広告を使っているとすれば文意に合います。

Minimalism: Is Less Really More?

Minimalism is a movement to help people make their life simpler by reducing what they own. Its followers aim to shop less, reduce the number of their possessions, and live in smaller spaces. They say, however, that it is not only about cleaning out one's closet to reduce junk or buying less to help the environment. (**A**), they make the bold claim that life is more satisfying when one is not distracted by all the physical objects that most people accumulate. Writer and minimalist Faisal Hoque, for example, claims that "minimalism seeks to clear up time and space so that you may lead life in an organized, joyful manner."

It has been argued, however, that attempts to reduce possessions (**B**). Minimalists do have fewer things that may cause them stress, and they are less likely to go into debt. Nevertheless, anxiety about what to get rid of and regrets about things that have been given up can affect people's emotional well-being just as strongly as having too much can.

Critics also point out that living a minimalist lifestyle actually requires substantial financial resources. Poor people, for example, often have no choice but to suffer when they lack a possession that could make their life easier or help them in an emergency. Minimalists, however, (**C**). While their homes are fashionably empty, they know that if, for example, they suddenly need a ladder to fix a leaking roof, they can easily purchase one. For this reason, it can be said that, as writer Kyle Chayka argues, minimalism is "not really minimal at all."

(A)
1 Otherwise   2 In this way
3 In fact   4 As before

(B)
1 waste valuable resources
2 have little to do with minimalism
3 can actually increase them
4 can be harmful to a person

(C)
1 are unwilling to help them
2 do not need to worry about this
3 refuse to use their wealth
4 reject this argument

(2017年度第3回)

(2) 日本語訳　　　　　ミニマリズム：少ないことは本当に豊かなことか

　　ミニマリズムは、人々が持ち物を減らすことで生活をよりシンプルにすることを助ける運動です。これに賛同する人は買い物を控え、持ち物の数を減らし、より狭い空間で暮らすことを目指します。しかし彼らは、不用品を減らすためにクローゼットを片付けたり、環境を改善するためにあまり物を買わなかったりすることだけがミニマリズムではないと言います。**それどころか**彼らは、ほとんどの人がため込んでいるすべての物に悩まなければ人生はもっと満たされるという大胆な主張をしています。例えば、作家でミニマリストであるファイサル・ホークは「ミニマリズムは効率がよく喜びに満ちた人生を送るために時間と空間を整理することを追求するものである」と主張しています。

　　しかし、持ち物を減らすという試みは**人に有害になりうる**という意見もあります。ミニマリストはストレスになりそうな物をあまり多く持たず、借金を作りそうもありません。それにもかかわらず、何を捨てるべきか悩んだり、捨てた物について後悔したりすることは、物を持ち過ぎることと同じくらい強く、精神的な幸せに影響を与える可能性があります。

　　批評家はまた、ミニマリストの生活様式で暮らすことは、実際にはかなりの資金源が必要になることを指摘します。例えば、貧しい人々は、彼らの生活を楽にしたり、緊急時に助けになったりする持ち物がないと、苦しまざるを得ないことも多いのです。しかし、ミニマリストは**これを心配する必要がありません**。彼らの家は品よくがらんとしている一方で、例えば雨漏りする屋根を修理するためのはしごが突然必要になれば、彼らは簡単にそれを買えることがわかっています。こうした理由から、作家のカイル・チェイカが主張するように、ミニマリズムは「それほど最小限ではない」と言えます。

(2)-A

解答　**3**

選択肢の訳

　　1 そうでなければ　　**2** このようにして
　　3 それどころか　　　**4** 以前のように

解説　空所の前文They say, however, that it is not only about cleaning out one's closet to reduce junk or buying less to help the environment.「しかし彼らは、不用品を減らすためにクローゼットを片付けたり、環境を改善するためにあまり物を買わなかったりすることだけがミニマリズムではないと言う」とあります。そして、空所以下はthey make the bold claim that life is more satisfying when one is not distracted by all the physical objects that most people accumulate.「彼らは、ほとんどの人がため込んでいるすべての物に悩まなければ人生はもっと満たされるという大胆な主張をしています」とあり、「きれいにするだけではない」を具体的に補強しているので **3** In factが入ります。

(2)-B

解答　**4**

選択肢の訳

　　1 価値ある資源を無駄にする
　　2 ミニマリズムとはほとんど関係がない
　　3 実際にはそれらを増やす可能性がある
　　4 人に有害になりうる

解説　第2段落3文目anxiety about what to get rid of and regrets about things that have been given up can affect people's emotional well-being just as strongly as having too much can.「何を捨てるべきか悩んだり、捨てた物について後悔したりすることは、物を持ち過ぎることと同じくらい強く、精神的な幸せに影響を与える可能性がある」と述べられているので、物を減らそうという試みにはデメリットもあることがわかります。よって、正解は **4** can be harmful to a person「人に有害になりうる」です。

vocabulary

□ **aim to do**「～することを目指す」

□ **possession**「所有物」

□ **clean out ～**「～を片付ける」

□ **junk**「不用品」

□ **bold**「大胆な」

□ **claim**「～と主張する」

□ **satisfying**「満足のいく」

□ **distract**「～を悩ませる」

□ **object**「品物」

□ **accumulate**「～をため込む」

□ **organized**「効率が良い」

□ **joyful**「喜びあふれる」

□ **manner**「方法」

□ **attempt to do**「～する試み」

□ **go into debt**「借金をする」

□ **anxiety**「心配」

□ **well-being**「幸福」

□ **substantial**「かなりの」

□ **financial resources**「財源」

□ **lack**「～が足りない」

□ **in an emergency**「緊急時に」

□ **fashionably**「品よく」

□ **ladder**「はしご」

□ **fix**「～を直す」

□ **have little to do with ～**「～とは関係がない」

□ **be unwilling to do**「～するのに気が進まない」

(2)–C

解答 2

選択肢の訳

1 彼らを助けるのを嫌がる
2 これを心配する必要はない
3 彼らの富を使うことを拒否する
4 この議論を拒絶する

解説 空所前にhoweverがあるので、前の文を参照します。前文には、貧しい人は緊急時に物がないと苦しまざるを得ないとあります。よって、空所を含む文は、ミニマリストは緊急時に必要なものをそろえることができるという反対の意味になるので、空所には **2 do not need to worry about this**「これを心配する必要はない」が入ります。thisが指している内容は緊急時に物がないことです。

> トレーニング問題で間違えた所は
> ポイント解説をもう一度しっかり
> 確認しましょう。

長文の内容一致選択問題をおさえよう！

Point① 準1級の長文の内容一致選択問題はどんな問題？

○与えられたパッセージの内容と一致する選択肢を選ぶ問題。
○長文の数：3つ
  ＊1つ目の長文：3段落で300語程度、設問数は3問
  ＊2つ目の長文：3段落で400語程度、設問数は3問
  ＊3つ目の長文：4段落で500語程度、設問数は4問
  のように、長文によってやや分量が異なります。
○設問数：10問

Point② 準1級の長文の内容一致選択問題の攻略方法とは？

○言い換え表現を見抜く力をつけ、答えの根拠を見つける！
　本文中に出てきた表現は、**選択肢では別の表現に言い換えられていることが多い**です。そのため、**言い換えられている表現が本文中のどの文にあたるかを見抜き、解答するための根拠を確実に見つけられるようにしましょう。**

　それでは早速、例題に取り組んでみましょう。ここでは「1つ目の長文」を取り上げます。

【 例 題 】

Stranded Whales

　In January and February 2016, more than two dozen male sperm whales were found washed up on European beaches around the North Sea. These whales had entered shallow waters with sand or mud on the bottom, which prevented them from using sonar clicks to navigate. They became trapped in these shallow areas, and without enough water to support their tremendous weight, their lungs collapsed and the whales died of respiratory failure. It was initially thought the whales had entered the areas in pursuit of squid, a favorite prey food, or that they might have swallowed fatal quantities of plastic. However, these theories were quickly disproved.

　After further research, an alternative explanation emerged. Whales use both sonar and Earth's magnetic field to navigate. In December 2015, when sperm whales were migrating south from the Norwegian Sea, the aurora borealis was visible. These bright lights in the northern sky are caused by storms that occur on the sun, and they are a sign that these storms are strongly interfering with Earth's magnetic field. Such storms can confuse migratory animals such as birds, and probably also caused whales relying on the magnetic field to become disoriented and enter shallow waters.

　All the stranded whales were young males. In general, female sperm whales and their babies remain in waters around the equator. Males, on the other hand, migrate in what are known as "bachelor groups" once they become independent between the ages of 10 and 15. Older, experienced males are more solitary and travel alone, leaving the inexperienced males to fend for themselves. Scientists believe the young males were relying on magnetic sensing and did not realize they had strayed from their migration route. In contrast, more experienced whales would have known to use other navigation methods, such as sonar clicks, to reorient themselves before it was too late.

(A)
What happened to the whales that were found on North Sea beaches?
1 The large amounts of sand and mud in the waters they swam into entered their lungs and affected their breathing.
2 The squid they were hunting led them to unfamiliar territory, where they consumed harmful plastic waste.
3 They swam into shallow areas where their heavy weight resulted in their being unable to breathe.
4 They consumed a type of animal that happened to be toxic, making them too ill to swim to deeper waters.

(B)
What is true of the aurora borealis in the context of the passage?
1 It was so much brighter than usual that many sea animals became distracted by the lights and were unable to orient themselves.
2 It was a result of the same phenomenon that had likely caused the whales to become confused and navigate incorrectly.
3 Its presence over the Norwegian Sea caused many birds to fly toward the North Sea, which led the whales to follow.
4 Its appearance farther south than usual weakened the whales' ability to use sonar clicks to confirm the depth of the waters.

(C)
If the whales had been older, they would have
1 realized that they had traveled off course and tried to find their way again using a different method.
2 been less independent and therefore swum back toward the equator to return to the females.
3 known to follow the lead of the females, which generally travel more and have better navigation skills.
4 been unable to use sonar clicks to request help from other whales that were nearby.

(2018年度第3回)

解説

(A)
海岸に打ち上げられたクジラに関する問題。第1段落3文目に、They became trapped in these shallow areas, and without enough water to support their tremendous weight, their lungs collapsed and the whales died of respiratory failure.「クジラはこの浅い水域で動けなくなり、巨大な体重を支えるだけの十分な水がなかったので、肺がつぶれ、呼吸不全で死んでしまった」とあるので、**3**「重い体重のせいで呼吸ができなくなる浅い水域に入った」がこの部分に一致します。**1**は、呼吸に影響を与えたのは大量の砂や泥ではないので不正解。**2**は、クジラが慣れない場所に着いたのは食べようとしていたイカが原因ではないので不正解。**4**は、毒がある動物を飲み込んだという記述はないので不正解。

> **Key**
>
> ### 言い換えを見抜く
>
> 本文中に出てきた表現は選択肢では別の表現に言い換えられていることが多いです。**(A)** でも、本文の respiratory failure を being unable to breathe（呼吸ができない）と言い換えています。こうした言い換えを見抜くことができれば、自信を持って正解することができます。

(B)

第2段落4文目にThese bright lights in the northern sky are caused by storms that occur on the sun, and they are a sign that these storms are strongly interfering with Earth's magnetic field.「北の空のこれらの明るい光は、太陽の表面で生じる嵐によって起こるものであり、オーロラはその嵐が地球の磁場を強く乱していることの表れだ」とあり、5文目にはSuch storms can confuse migratory animals such as birds, and probably also caused whales relying on the magnetic field to become disoriented and enter shallow waters.「そのような嵐は鳥などの移動性の動物を混乱させることがあり、おそらくまた、磁場に頼っているクジラにも方向を見失わせ、浅い水域に入り込む原因となった」とあります。このことから、オーロラは太陽の嵐によって引き起こされ、この嵐は磁場を狂わせクジラに影響を与えていたことがわかります。よって、正解は **2**「クジラたちを混乱させ、間違って誘導した可能性のある現象と同じ現象の結果だった」です。disoriented が選択肢ではconfusedに言い換えられています。

1 は、オーロラが普段よりはるかに明るいとは書かれていないので不正解。**3** は、オーロラによって鳥が北海に向かうとは書かれていないので不正解。**4** は、いつもより南に現れるからという記述はないので不正解。

(C)

第3段落5文目にScientists believe the young males were relying on magnetic sensing and did not realize they had strayed from their migration route.「科学者たちは、若いオスは磁場探知に頼っていて、彼らの回遊のルートからはずれていることに気づかなかったのだと考えている」とあり、6文目には、In contrast, more experienced whales would have known to use other navigation methods, such as sonar clicks, to reorient themselves before it was too late.「逆に、より経験豊かなクジラたちはソナーのクリック音のような、航海のための他の方法を使うことを知っており、手遅れになる前に向きを変えただろう」とあります。よって、もっと年齢が上だったら、若いクジラのように進路から外れてしまうことはないということなので、**1** の「ルートからはずれたことに気づき、異なる方法を使って、再びルートを見つけようと試みただろう」が正解です。本文の strayed from their migration route を、ここでは traveled off course と言い換えています。

2 は3文目後半にthey become independent between the ages of 10 and 15「オスは10歳から15歳の間に独立する」とあるので不正解。**3** は2文目female sperm whales and their babies remain in waters around the equator.「メスのマッコウクジラとその子どもは赤道付近の海域にとどまっている」とあるので不正解。**4** は、大人のクジラはsonar clicksを使うので不正解。

高校までで習ったことと比べ、語彙レベルは高くなりますが、きちんと読む力があれば確実に正解できます。単語力と精読力を高め、答えの根拠をきちんと見つけ、言い換え表現を見抜く力をつけるのが鉄則です。

解答　(A) **3**　(B) **2**　(C) **1**

日本語訳

打ち上げられたクジラ

2016年の1月と2月に、25頭以上のオスのマッコウクジラが北海付近のヨーロッパの浜辺に打ち上げられているのが発見されました。これらのクジラは海底に砂や泥がたまっている浅い水域に入り、その砂や泥が、航海するためのソナーとして発するクリック音を使えなくしたのでした。クジラはこの浅い水域で動けなくなり、巨大な体重を支えるだけの十分な水がなかったので、肺がつぶれ、呼吸不全で死んでしまいました。当初、彼らは好物のエサであるイカを追ってそこに入ったか、あるいは致死量のプラスチックを飲み込んでしまったのかもしれないと考えられていました。しかし、これらの説はすぐに間違っていることがわかりました。

さらなる調査ののちに、別の説が浮上しました。クジラは航海するのにソナーと地球の磁場の両方を使います。2015年の12月、マッコウクジラがノルウェー海から南へ移動していたとき、オーロラが見えていました。北の空のこれらの明るい光は、太陽の表面で生じる嵐によって起こるものであり、オーロラは、その嵐が地球の磁場を強く乱していることの表れです。そのような嵐は鳥などの移動性の動物を混乱させることがあり、おそらくまた、磁場に頼っているクジラにも方向を見失わせ、浅い水域に入り込む原因となったのです。

打ち上げられたマッコウクジラはすべて若いオスでした。一般的に、メスのマッコウクジラとその子どもは赤道付近の海域にとどまっています。一方、オスは10歳から15歳の間に独立すると、「独身の集団」として知られる群れで回遊します。それより年長で経験豊かなオスはもっと孤独で、未熟なオスたちには自力で生きるようにさせ、単独で旅をします。科学者たちは、若いオスは磁場探知に頼っていて、彼らの回遊のルートからはずれていることに気づかなかったのだと考えています。逆に、より経験豊かなクジラたちはソナーのクリック音のような、航海のための他の方法を使うことを知っており、手遅れになる前に向きを変えたでしょう。

(A)
北海の海岸で発見されたクジラに何が起こりましたか。
1 泳いでいった海域の大量の砂と泥が肺に入り、呼吸に影響した。
2 食べようとしていたイカが彼らを見知らぬ海域に導き、そこで有害なプラスチックごみを飲み込んだ。
3 重い体重のせいで呼吸ができなくなる浅い水域に入った。
4 毒を持つ動物を飲み込んだことで病気になり、より深いところに泳いで行けなくなった。

(B)
この文章の流れの中でのオーロラについて何が正しいですか。
1 通常よりはるかに明るかったので、多くの海洋動物が光に惑わされ、自分の位置を把握できなかった。
2 クジラたちを混乱させ、間違って誘導した可能性のある現象と同じ現象の結果だった。
3 ノルウェー海の上空に生じたことで多くの鳥が北海に向かって飛んで行き、クジラがその後に続いた。
4 通常よりも南に現れたことで、クジラが水深を確認するためのソナーのクリック音を使う力が弱まった。

(C)
もしクジラたちの年齢がもっと上だったら、彼らは、
1 ルートからはずれたことに気づき、異なる方法を使って、再びルートを見つけようと試みただろう。
2 独り立ちできておらず、それゆえメスのもとに戻るために赤道に向かって泳いでいただろう。
3 一般的にオスよりも多く旅をしていて、泳ぐ技術が高いメスの後に続けばよいことがわかっていただろう。
4 近くにいる他のクジラに助けを求めるためにソナーのクリック音を使うことはできなかっただろう。

Theme 11 トレーニング問題

目標解答時間 各15分

最後に5問の長文問題に取り組んでみましょう。ここでは「言い換え表現」を見抜くことを意識しましょう。

☐ (1)

New Zealand Pest Control

In 2016, the New Zealand government announced a plan to eliminate all rats and other invasive mammal species from the country by 2050. These pests threaten numerous native species with extinction and cause a great deal of harm to the agriculture industry. Although it is estimated that the project will cost around US $6.5 billion, eliminating pests would result in substantial savings in future spending, as well as significantly reducing environmental damage and losses to the agriculture industry. According to ecologist James Russell of the University of Auckland, these reductions in spending and losses would make the project worth the expense.

Standard practice for pest removal today is to spread poisoned food sources across the landscape by helicopter, and then shoot or trap any remaining pests. In 2011, these methods were employed on the islands of Rangitoto and Motutapu, near the city of Auckland. Rats were eliminated in weeks, followed by rabbits and other pests, though efforts were complicated by human settlements, which provided hiding spots. The daily ferry linking the two islands to Auckland has become a cause for concern, however, as hitchhiking pests have to be regularly prevented from sneaking onto the islands, but to date they remain pest-free. Eliminating pests from all of New Zealand presents a greater challenge, though, and will need to involve standard methods along with new ones currently in development.

One concern with standard methods is that the use of a poison called 1080 can harm animals such as deer and birds. However, scientists are currently working on electronic biosensors that can detect chemicals produced by pests. Drones fitted with this technology could be used to locate targets and deposit limited amounts of the poison in an exact location. Targeting individual pests in this way would greatly lessen the risks that come with widespread distribution by helicopter.

(A)

What does James Russell think about the New Zealand government's plan?

1 It will cost more than estimated because of the side effects on agriculture and the environment.

2 It is too expensive for the government to pay for now but could be introduced several decades in the future.

3 It is a good idea, but planned reductions in spending mean it will only be possible in certain areas.

4 It will bring financial benefits that would make up for the cost of carrying it out.

(B)

The examples of Rangitoto and Motutapu show that

1 human settlements can help provide valuable manpower for locating and capturing pests.

2 although islands can be successfully cleared of pests, continued efforts may be needed after the project's completion.

3 eliminating certain pest species can make it easier to find and kill other pest species that hide in the same places.

4 standard pest-control methods can result in some pest species increasing in number after others are eliminated.

(C)

New methods to help eliminate pests from the entire country of New Zealand are expected to rely on

1 the development of a type of poison that does not harm deer and birds if they eat it.

2 a technology that will pose less of a danger to other animals that inhabit areas near the pests.

3 drone technology that enables scientists to find and remove pests without killing them.

4 a warning system that will keep non-pest species away from areas where poison has been introduced.

（2017年度第3回）

(1) 日本語訳　　　　　　　　　　　ニュージーランドの有害生物駆除

　　2016年、ニュージーランド政府は2050年までに国からすべてのネズミや他の侵入種の哺乳類を駆除する計画を発表しました。これらの有害生物は多数の在来種を絶滅の危機にさらし、農業に多大な損失をもたらします。そのプロジェクトはおよそ65億米ドルの費用がかかると推定されていますが、有害生物を駆除することで環境への打撃や農業での損失もかなり減少する結果となるだけでなく、将来的な出費もかなり節約されるでしょう。オークランド大学の生態学者ジェイムズ・ラッセルによると、こうした出費や損失の減少は、このプロジェクトを費用に見合うものにするでしょう。

　　有害生物駆除のために最近標準的に行われていることは、ヘリコプターで土地全体に毒の入った食べ物をまき、その後、残った有害生物を撃ったりわなで捕らえたりすることです。こうした手法は、2011年にオークランド市に近いランギトト島とモトゥタプ島で使われました。有害生物の隠れ家になっていた人の居住地のために作業は困難でしたが、ネズミは数週間で駆除され、続いてウサギや他の有害生物も駆除されました。しかし、船に乗ってくる有害生物たちがその島々にこっそり入り込むのを定期的に防がなければならなかったため、その2島とオークランドを結んで毎日運航しているフェリーが悩みの種となりましたが、今のところ、2島に有害生物は存在しないままになっています。しかし、ニュージーランド全土の有害生物の駆除はさらに大きな課題とあり、標準的な手法を現在開発中の新しい方法と一緒に行う必要があるでしょう。

　　標準的な方法に関して1つ心配なのは、1080と呼ばれる毒の使用が鹿や鳥などの動物にも害を与えかねないことです。しかし、科学者たちは現在、有害生物が出す化学物質を検知できる電子バイオセンサーを開発しています。このセンサーを取り付けたドローンは、標的を探し出して正しい場所にわずかな量の毒を置くために使えそうです。こうして個々の有害生物に的を絞ることで、ヘリコプターによる広範囲の散布に伴うリスクを大幅に減らせるでしょう。

(1)−A

解答　4

設問と選択肢の訳

ジェイムズ・ラッセルは、ニュージーランド政府の計画をどう思っていますか。

1 農業と環境への予想外の影響のため、見積りより多く費用がかかるだろう。
2 政府が今支出をするには高過ぎるが、これから数十年後に導入される可能性がある。
3 よいアイディアだが、予定されている出費の減少は、一定の地域でのみ可能であることを意味する。
4 実行するのにかかる費用を埋め合わせるような経済的利益をもたらすだろう。

解説 第1段落4文目に According to ecologist James Russell of the University of Auckland, these reductions in spending and losses would make the project worth the expense.「オークランド大学の生態学者ジェイムズ・ラッセルによると、こうした出費や損失の減少は、このプロジェクトを費用に見合うものにするだろう」とあるので、正解は**4**「実行するのにかかる費用を埋め合わせるような経済的利益をもたらすだろう」です。
1は、費用が予想よりかかるという記述はないので不正解。**2**は、数十年後に実施されるという記述はないので不正解。**3**は、特定の地域だけ可能という記述はないので不正解。

(1)−B

解答　2

設問と選択肢の訳

ランギトト島とモトゥタプ島の例が示しているのは、

1 人の住居は、有害生物を探し出して捕まえるための貴重な人材を提供するのに役立ちうる。
2 島々から有害生物を駆除するのには成功したが、そのプロジェクト完了後に継続的な取り組みが必要になるかもしれない。
3 一定の有害生物種の駆除によって、同じ場所に隠れている他の有害生物種を発見し、殺すのが容易になるかもしれない。

---

vocabulary

- [ ] **pest control**「有害生物駆除」
- [ ] **invasive mammal species**「侵入種の哺乳類」
- [ ] **threaten _A_ with extinction**「_A_を絶滅の危機にさらす」
- [ ] **numerous**「多数の」
- [ ] **native species**「在来種」
- [ ] **saving**「出費」
- [ ] **_A_ as well as _B_**「_B_と同様に_A_も」
- [ ] **significantly**「大いに」
- [ ] **poisoned**「毒の」
- [ ] **landscape**「土地」
- [ ] **remaining**「残った」
- [ ] **complicate ～**「～を複雑化する」
- [ ] **settlement**「居住地」
- [ ] **link _A_ to _B_**「_A_を_B_に関連付ける」
- [ ] **sneak onto ～**「～に忍び込む」
- [ ] **to date**「現在までのところ」
- [ ] **pest-free**「有害生物のいない」
- [ ] **electronic biosensors**「電子バイオセンサー（生体内感知器）」
- [ ] **drone**「ドローン」
- [ ] **fit _A_ with _B_**「_A_を_B_に取り付ける」
- [ ] **deposit**「（ある場所などに）～を置く、おろす」
- [ ] **exact**「正確な」
- [ ] **lessen**「～を減らす」
- [ ] **distribution**「散布」
- [ ] **estimated**「見積もられた」
- [ ] **side effect**「副作用、予想外の結果」
- [ ] **make up for ～**「～を補う」

4 標準的な有害生物の駆除方法は、他の有害生物を駆除したあとに一部の有害生物種の数が増加する結果となりうる。

解説 第2段落3、4文目 Rats were eliminated in weeks, followed by rabbits and other pests, though efforts were complicated by human settlements, which provided hiding spots. The daily ferry linking the two islands to Auckland has become a cause for concern, however, as hitchhiking pests have to be regularly prevented from sneaking onto the islands, but to date they remain pest-free.「有害生物の隠れ家になっていた人の居住地のために作業は困難でしたが、ネズミは数週間で駆除され、続いてウサギや他の有害生物も駆除されました。しかし、船に乗ってくる有害生物たちがその島々にこっそり入り込むのを定期的に防がなければならなかったため、その2島とオークランドを結んで毎日運航しているフェリーが悩みの種となりましたが、今のところ、2島に有害生物は存在しないままになっています。」が両島の説明になっており、ネズミなどは駆除されたが、オークランドと島を結ぶフェリーに有害生物が乗ってきてしまうことがあるとわかります。一度駆除してもまた次に来てしまうことがあります。同段落5文目 Eliminating pests from all of New Zealand presents a greater challenge, though, and will need to involve standard methods along with new ones currently in development.「しかし、ニュージーランド全土の有害生物の駆除はさらに大きな課題とあり、標準的な手法を現在開発中の新しい方法と一緒に行う必要があるでしょう。」で新しい方法の必要性が述べられており、need to involve standard methods along with new ones currently in development が continued efforts may be needed に言い換えられた **2**「島々から有害生物を駆除するのには成功したが、そのプロジェクト完了後に継続的な取り組みが必要になるかもしれない。」が正解です。
1 は、人家が隠れ場所を与えており、探すのに役に立っているわけではないので不正解。**3** は、ある有害生物を駆除するとほかの有害生物が見つけやすくなるという記述はないので不正解。**4** は、ある有害生物を駆除すると他の有害生物の数が増えるという記述はないので不正解。

(1)-C

解答 **2**

設問と選択肢の訳
有害生物をニュージーランド全土から駆除するのに役立つ新しい方法に必要だと思われるのは、

1 鹿や鳥が食べても害にならない種類の毒の開発。
2 有害生物に近い地域に住む他の動物にはあまり危険をもたらさない技術製品。
3 科学者が有害生物を殺害せずに発見して駆除することを可能にするドローン技術。
4 毒が持ち込まれた地域から有害でない生物種を遠ざける警告システム。

解説 第3段落4文目に、Targeting individual pests in this way would greatly lessen the risks that come with widespread distribution by helicopter.「こうして個々の有害生物に的を絞ることで、ヘリコプターによる広範囲の散布に伴うリスクを大幅に減らせるだろう」とあります。this way とはドローンを使用して獲物を見つけ、そこにだけ毒をまくというやり方です。個々を標的にできるのでヘリコプターで行われていたときよりもリスクを減らせることがわかります。よって、この新しい方法では関係のない生物を危険にさらすことなく、特定の有害生物だけを除去できるようになるので、正解は **2**「有害生物に近い地域に住む他の動物にはあまり危険をもたらさない技術製品」。
1 は、新しい方法は毒の開発ではないので不正解。**3** は、殺さずに有害生物の駆除ができるとは書かれていないので不正解。**4** は、新しい方法は警告するシステムではないので不正解。

vocabulary

- **manpower**「人的資源」
- **locate**「〜の場所を突き止める」
- **clear A of B**「AからBを一掃する」
- **pose**「〜をもたらす」
- **inhabit**「〜に居住する」

(2)

Forecasting the Big Blow

Unlike many extreme weather events, such as hurricanes and severe snowstorms, geological phenomena such as earthquakes and volcanic eruptions are difficult to predict. In recent years, however, a number of tools have been developed to help scientists make correct judgments of the risk of these events. Modern methods of analysis that use real-time satellite data to continuously revise computer models have greatly improved scientists' understanding of geological activity. Additionally, scientists now use satellite data to measure slight changes in the landscape around volcanoes. Earth's crust can rise a millimeter at a time as it is pushed up by the pressure of the hot liquid rock, or magma, below. Though this cannot be perceived by visual observation on the ground, satellite cameras far above can determine whether a volcano's surface is rising—an indicator of a possible eruption.

Scientists are particularly concerned about caldera volcanoes. These are large formations created by ancient volcanoes that collapsed inward after erupting. Calderas sit above pools of magma that can erupt with little warning. Because the rich soil around such volcanoes tends to attract dense human settlement, eruptions can be especially deadly. Calderas are not cone-shaped like typical volcanoes, so the possibility of an eruption often simply does not occur to people. Moreover, their fairly flat shape poses an additional risk: unlike with cone-shaped volcanoes, which generally erupt from the top of the cone, there is no way to tell from where on the surface of a caldera volcano the magma will escape, and it may even come out of multiple spots.

Campi Flegrei, west of the Italian city of Naples, is a caldera volcano that scientists are examining closely, as more than 700,000 people live within its "danger zone." In recent years, patterns of land rise there have been similar to those that occurred before caldera eruptions in other parts of the world, indicating that the crust may be near the breaking point. The Italian government has raised alert levels but has hesitated to take further steps such as evacuating residents. Experts cannot say with certainty whether Campi Flegrei will erupt soon, or likewise give any timeline for a future eruption. Residents of the area, having experienced numerous false alarms, do not want to evacuate when an eruption is far from certain. Furthermore, property values have fallen when past warnings were issued, allowing real estate investors to buy land at bargain rates. This has made some residents suspicious of the motive behind emergency warnings.

(A)
What is one example of a recent advance in predicting volcanic eruptions?
1 Computer analysis of real-time data has proved more useful than satellite measurements.
2 Satellite data showing changes in the level of Earth's crust can indicate volcanic activity.
3 Computer models allow scientists to calculate the temperature of magma in a given location.
4 Satellite data gathered during extreme weather events can be useful in predicting the size of eruptions.

(B)
In the second paragraph, what does the author of the passage say about caldera volcanoes?
1 Their relatively flat shape can lead people to overlook the fact that they could erupt.
2 They are more likely than typical volcanoes to show obvious warning signs before they erupt.
3 Their shape makes it clear to scientists that they are not particularly active and are therefore safe to study.
4 The fact that they are poorly suited for human habitation means they are ideal places to carry out research.

(C)
What is suggested about Campi Flegrei?
1 The government will only declare a state of emergency if there is evidence of land rise occurring.
2 Because so much focus is put on the possibility of an eruption, local residents are quick to react to emergency warnings.
3 The government is concerned that scientists have not considered all the possible factors that could lead to an eruption.
4 Even though the volcano has been showing signs it could erupt, it may be difficult to convince local residents of the actual danger.

(2018年度第3回)

(2) 日本語訳　　　　　　　　　　　　　大打撃の予測

　　ハリケーンや激しい吹雪のような多くの異常気象とは異なり、地震や火山噴火などの地質学的現象は予想するのが難しいものです。しかし近年、科学者がこうした事象のリスクを正しく判断するのに役立つ手段がたくさん開発されています。リアルタイムの衛星データを使って常にコンピューター・モデルを修正する現代の分析方法によって、科学者は地質学上の活動についてかなり良く理解できるようになっています。さらに、科学者は今、火山周辺の地形のわずかな変化を計測する衛星データを使用しています。地殻は、その下にあるマグマという熱い溶岩の圧力によって押し上げられると一度に1mm上昇することがあります。これは地面を肉眼で観察してもわかりませんが、はるか上空の衛星カメラは、噴火の可能性の指標である火山の表面隆起の有無を特定することができます。

　　科学者は特にカルデラ火山を心配しています。これは、噴火後に内側に向かって崩れた古代の火山によって作られた広大な地形です。カルデラは、ほとんど前兆なしに噴火する可能性のあるマグマ溜まりの上にあります。こうした火山の周辺の肥沃な土地には人々の居住地が密集する傾向にあるので、噴火は特に致命的なものになる可能性があります。カルデラは普通の火山のような円錐形ではないので、人々は多くの場合、噴火の可能性など想像もしません。さらに、そのほとんど平らな地形がさらなる危険をもたらします。一般的に円錐の頂点から噴火する円錐形の火山と違って、カルデラ火山の表面のどこからマグマが漏れ出てくるのかを知る方法はなく、いろいろな場所から出てくることさえあるかもしれません。

　　イタリアの都市ナポリの西にあるフレグレイ平野は、その「危険地域」の中に70万人以上が暮らしているため、科学者が綿密に調査しているカルデラ火山です。近年、その地域の地面隆起のパターンが、世界の他の地域でカルデラ噴火が発生する前に現れたものと似ており、それは、地殻が壊れる限界に近づいている可能性を示しています。イタリア政府は警戒レベルを上げましたが、住民を避難させるようなさらに進んだ措置には踏み出せずにいます。専門家は、フレグレイ平野がすぐに噴火するかどうかを確信をもって言うことができず、同様に、将来の噴火の予定表を示すこともできずにいます。多くの誤った警報を経験してきたその地域の住民は、噴火がまったく確実でないときには避難をしたがりません。さらに、過去に警報が出されたときには資産価値が下がっており、不動産投資家は格安で土地を買うことができました。このことは一部の住人に、警報の背後にある目的に疑念を抱かせました。

(2)−A

解答　2

設問と選択肢の訳

火山噴火の予知における最近の進歩の1例は何ですか。

1 リアルタイム・データのコンピューター分析が、衛星観測より役立つことがわかった。
2 地殻の高さの変化を示す衛星データが、火山活動を指し示すことができる。
3 コンピューター・モデルを使うことで、科学者は特定された地点のマグマの温度を計算できる。
4 異常気象の間に集められた衛星データは、噴火の規模を予測するのに役立ちうる。

解説　第1段落3文目Modern methods of analysis that use real-time satellite data to continuously revise computer models have greatly improved scientists' understanding of geological activity. 「リアルタイムの衛星データを使って常にコンピューター・モデルを修正する現代の分析方法によって、科学者は地質学上の活動についてかなり良く理解できるようになっている」とあり、衛星を使うことではるかに予測の精度が上がったことがわかります。6文目にはThough this cannot be perceived by visual observation on the ground, satellite cameras far above can determine whether a volcano's surface is rising—an indicator of a possible eruption. 「これは地面を肉眼で観察してもわかりませんが、はるか上空の衛星カメラは、噴火の可能性の指標である火山の表面隆起の有無を特定することができる」とあるので、2「地殻の位置の変化を示す衛星データが、火山活動を指し示すことができる」が正解です。volcano's surface is rising—an indicator of a possible eruption. を indicate

---

vocabulary

□ forecast「〜を予測する」

□ big blow「大打撃」

□ extreme weather event「異常気象」

□ severe「強い、厳しい」

□ geological「地質の」

□ phenomena「phenomenon（現象）の複数形」

□ volcanic eruption「火山噴火」

□ satellite「人工衛星」

□ continuously「常に、継続的に」

□ revise「〜を修正する」

□ Earth's crust「地殻」

□ liquid rock「溶岩」

□ magma「マグマ」

□ indicator「指針、表示」

□ formation「構成」

□ collapse「壊れる、爆発する」

□ inward「内側に」

□ warning「前兆」

□ dense「密集した」

□ cone-shaped「円錐形の形をした」

□ multiple「複数の」

□ indicate 〜「〜ということを示す」

□ breaking point「壊れる限界」

□ alert level「警戒レベル」

□ evacuate「〜を避難させる」

□ likewise「同様に」

□ timeline for 〜「〜のための予定表」

□ false「誤った」

□ far from 〜「決して〜でない」

□ property values「資産価値」

volcanic activity に言い換えています。
　1 は、第1段落3文目に「リアルタイムの衛星データを使ってコンピューター・モデルを修正する」とあるので不正解。**3** は、マグマの温度を測るという記述はないので不正解。**4** の「異常気象の間に集められた衛星データ」は本文中に記述がないので不正解。

(2)–B

解答 **1**

設問と選択肢の訳

第2段落で、この文章の筆者はカルデラ火山について何を述べていますか。

1 比較的平らな形は、人々に、噴火する可能性があるという事実を見落とさせる可能性がある。
2 典型的な火山よりも、噴火の前に明らかな兆候を示すことが多い。
3 その形から、科学者は、特に活動中ではないので安全に調査できることが明確にわかる。
4 人が住むのに向いていないという事実は、研究を行うのに理想的な場所であることを意味している。

解説 第2段落5文目 Calderas are not cone-shaped like typical volcanoes, so the possibility of an eruption often simply does not occur to people.「カルデラは普通の火山のような円錐形ではないので、人々は多くの場合、噴火の可能性など想像もしない」とあるので、**1**「比較的平らな形は、人々に、噴火する可能性があるという事実を見落とさせる可能性がある」が正解です。the possibility of an eruption often simply does not occur to people を overlook the fact that they could erupt に言い換えています。
　2 は、カルデラ火山は明らかな兆しを示さないと本文で述べられているので不正解。**3**、**4** は本文に記述がないので不正解。

(2)–C

解答 **4**

設問と選択肢の訳

フレグレイ平野について何が述べられていますか。

1 政府は地面の隆起が起きている証拠がある場合にだけ非常事態宣言をする。
2 噴火の可能性がかなり注目されているので、地元の住民は緊急の警報にすぐ反応する。
3 噴火につながりうるすべての要因を科学者が考慮していないことを、政府は懸念している。
4 火山が噴火の兆候をずっと示していても、実際の危険性を地元住民に納得させるのは難しいかもしれない。

解説 第3段落3文目 The Italian government has raised alert levels but has hesitated to take further steps such as evacuating residents.「イタリア政府は警戒レベルを上げたが、住民を避難させるようなさらに進んだ措置には踏み出せずにいる」とあり、噴火しそうなのはわかっているが避難指示は出せない状況であることがわかります。また4文目 Experts cannot say with certainty whether Campi Flegrei will erupt soon, or likewise give any timeline for a future eruption.「専門家は、フレグレイ平野がすぐに噴火するかどうかを確信をもって言うことができないし、同様に、将来の噴火の予定表を示すこともできずにいる」とあるので、正解は **4**「火山が噴火の兆候をずっと示していても、実際の危険性を地元住民に納得させるのは難しいかもしれない」です。
　1 は、政府はさらなる措置に踏み出すのをとどまっているので、不正解。**2** は、5文目に「多くの誤った警報を経験してきたその地域の住民は、噴火がまったく確実でないときには避難をしたがらない」とあるので不正解。**3** は本文に記述がないので不正解。

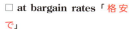

- at bargain rates「格安で」
- motive「動機」
- overlook「〜を見落とす」
- habitation「住居」

■ (3)

3D Printing in Healthcare

Doctors dream of a day when organs such as hearts and kidneys can be made or grown rather than having to be obtained from organ donors. Currently, the number of patients requiring new organs far exceeds the available supply, and tissue from donors must be carefully matched with that of recipients so that the recipient's immune system does not reject the organ. Even when things go well, recipients must take medications so the transplanted organ can survive in their body. Techniques for growing tissue in labs have achieved only limited success, and the complex structures of major organs make them impossible to grow using simple cellular-reproduction techniques. Using 3D printers to produce organs made from either the patient's own cells or from artificially generated ones, however, has the potential to eliminate these problems.

Medical 3D printers are similar to normal printers that use ink, but they create tissue by spraying cells, proteins, and other materials onto a foundation, building up the object layer by layer. Although significant advances have been achieved, a major obstacle to creating entire organs remains: the mechanisms by which cells interact with one another to form the complex structures in organs require more research before they can be replicated. It will also be necessary to find ways to keep cells alive after the printing process. Cells quickly die without oxygen and nutrients, so structures called blood vessels, which carry blood through the organ, must also be reproduced. Blood vessels must be hollow so that blood can flow through them, and because of their delicate structure, it has been difficult to re-create them using 3D printers.

One possible solution has been found by researcher Jennifer Lewis of Harvard University, who has developed a gel called Pluronic ink. Most types of gel harden when the temperature becomes colder, but Pluronic ink is unique because it is a solid at room temperature but becomes a liquid when cooled. Lewis does a 3D scan of the organ's blood vessels, then prints out a 3D copy of them using Pluronic ink. Next, she prints the new organ cell tissue around the Pluronic ink. Lewis then lowers the temperature so that the Pluronic ink becomes a liquid, which can then simply be sucked out. Finally, she injects another type of cell into the empty spaces to form the walls of the blood vessels. Lewis has been able to produce printed tissue containing a tube that carries nutrients into the tissue, allowing it to survive for extended periods of time.

Although Lewis's work represents an important step in developing 3D-printed organs, she is concerned about the way current research is being presented. Well-known researchers have given public demonstrations of medical 3D printers, creating, for example, items which appeared to be human organs but which were not functional. This has caused many to believe 3D-printed organs are just around the corner when, in fact, they are probably decades away. Lewis calls this "misleading," arguing that "we don't want to give people false expectations." Although researchers need favorable publicity and funding to support their efforts, Lewis says exaggerated claims could actually have the opposite effect in the long run.

(A)
According to the author of the passage, the use of 3D printers in the medical industry could
1 allow patients to receive new organs without having to take drugs that prevent their immune system from rejecting the new tissue.
2 allow doctors to create new types of cells that would greatly shorten the time needed to grow organs in the laboratory.
3 assist in repairing damaged organs received from donors in order to increase the supply of organs available for transplant.
4 alter the structure of tissues from organ donors so that the reproduction of cells would occur more efficiently.

(B)
What is one problem regarding the creation of organs using 3D printers?
1 Medical 3D printers are unable to construct objects layer by layer when a patient's own cells and artificially generated ones are used together.
2 The foundations the printers create are not strong enough to support all of the blood vessels that supply blood to organs.
3 Scientists have not yet been able to fully understand the processes cells use to organize themselves when they form organs.
4 Because the layers of an organ grow at different rates, it is difficult to design a printer that can print an entire organ.

(C)
Why is Pluronic ink useful in the 3D-printing process?
1 Adding it to 3D-printed tissue helps researchers see which parts of the tissue might need more nutrients.
2 Once it has been used to create a structure that 3D-printed tissue can be built around, it can easily be removed.
3 It is capable of flowing to all types of cells in 3D-printed tissue in order to supply them with nutrients.
4 Because of its unusual properties, it allows 3D-printed tissue to be frozen and stored safely.

(D)
What point does Jennifer Lewis make about presenting 3D-printing research to the public?
1 Exaggerated claims made in order to increase interest in the research could result in people having a negative image of the field.
2 Because artificial organs are so complex and difficult to understand, simpler explanations of their functions are needed.
3 Researchers must give demonstrations of the 3D printing of organs so people can see for themselves how important the research is.
4 Researchers must remember that people doubt the medical potential of 3D printing because they mainly associate it with nonliving objects.

(2017年度第3回)

(3) **日本語訳**　　　　　　　　　医療における3Dプリント

　医者は、心臓や腎臓のような臓器を臓器提供者から得なければならないのではなく、作ったり培養したりできる日を夢見ています。現在、新しい臓器を必要としている患者の数は供給可能な数をはるかに超えており、臓器提供を受ける人の免疫システムが臓器を拒絶しないように、提供者から得られた組織は臓器提供を受ける人と注意深く適合させなければなりません。たとえうまくいったとしても、提供を受けた人は移植された臓器がその人の体内で生き続けられるように薬を飲まなければいけないのです。研究室で組織を培養する技術はわずかしか成功しておらず、主な臓器は複雑な構造をしているため、単純な細胞複製技術を使用して臓器を成長させることは不可能です。しかし、患者自身の細胞、あるいは人工的に生み出された細胞のどちらかから作られた臓器を製造するために3Dプリンターを使用することで、こういった問題が解消される可能性があります。

　医療用の3Dプリンターはインクを使用する通常のプリンターと似ていますが、3Dプリンターは土台の上に細胞やたんぱく質、そして他の物質などをスプレーし、層を積み重ねて組織を作っていきます。大きく進歩してはしているものの、臓器全体を作り出すのに大きな障害が残っています。つまり、臓器が複製できるようになる前に、臓器内の複雑な構造を形成するために細胞同士が相互作用するメカニズムをさらに研究する必要があります。プリント過程の後で細胞を生きた状態にしておく方法を発見することもまた必要です。細胞は酸素と栄養素がなければすぐに死んでしまうので、臓器中に血液を運ぶ血管と呼ばれる組織も複製されなければなりません。血管は、血液が流れるように中は空洞でなければならず、その繊細な構造が、3Dプリンターを使用して複製するのを難しくしているのです。

　プルロニック・インクと呼ばれるジェルを開発したハーバード大学のジェニファー・ルイスは、1つの有力な解決策を見つけました。ほとんどの種類のジェルは温度が低くなると硬くなりますが、プルロニック・インクは、室温では固体だが冷やされると液状になるという点でユニークです。ルイスは臓器内の血管を3Dスキャンし、次にプルロニック・インクを使って3Dコピーをプリントします。次に、彼女はプルロニック・インクの周りに新しい臓器細胞組織をプリントします。ルイスはそれから、プルロニック・インクが液体になるように温度を下げます。そうすることでそれは簡単に吸い出すことができます。最後に、血管の壁を形成するために、空洞に別の種類の細胞を入れます。ルイスは栄養素を組織に運び込む管をもつプリントされた組織を作り出すことができており、それが、その組織を長期間生かすことを可能にしています。

　ルイスの研究は3Dプリント臓器を製作するうえである重要な段階に当たりますが、彼女は現在の研究の発表のされ方を懸念しています。有名な研究者たちは、例えば人間の臓器のように見えるが機能しないものを作り、医療用の3Dプリンターの公開実演を行っています。このことは多くの人に、実際にはおそらく数十年先のことになるのに、3Dプリントされた臓器がすぐに現実のものになるように思わせています。ルイスはこれを「誤解を招くもの」と呼び、「私たちは人々に間違った期待を抱かせたくはない」と主張しています。研究者たちは、自分たちの取り組みを支えるために好意的な評判や資金を必要としていますが、長い目で見ると大げさな主張は実際には逆効果をもたらしうるとルイスは述べています。

(3)–A

解 答　**1**

設問と選択肢の訳

この文章の筆者によると、医療産業における3Dプリンターの使用は、

1 患者の免疫システムが新しい組織を拒絶するのを防ぐ薬を飲まなくても、患者が新しい臓器を受け入れることを可能にする。

2 医師たちが研究室で臓器を培養するために必要な時間を大幅に短縮するような、新しい種類の細胞を作り出すのを可能にする。

3 移植に利用できる臓器の供給を増やすために、臓器提供者から受け取った損傷のある臓器を治すのを助ける。

4 細胞の複製がより効率よく行われるように、臓器提供者からの組織の構造を変える。

解 説　第1段落5文目 Using 3D printers to produce organs made from either the

---

vocabulary

☐ **healthcare**「医療」

☐ **dream of ～**「～を夢見る」

☐ **organ**「臓器」

☐ **kidney**「腎臓」

☐ **A rather than B**「BよりはむしろA」

☐ **organ donor**「臓器ドナー、臓器提供者」

☐ **exceed**「～を超える」

☐ **available supply**「可能な供給量」

☐ **tissue**「組織」

☐ **match A with B**「AとBを適合させる」

☐ **recipient**「レシピエント（ドナーから臓器提供を受けた人）」

☐ **immune system**「免疫システム」

☐ **reject**「～を拒絶する」

☐ **go well**「うまくいく、適応する」

☐ **transplanted**「臓器移植手術を受けた」

☐ **complex**「複雑な」

☐ **structure**「組織」

☐ **cellular-reproduction**「細胞複製」

☐ **artificially**「人工的に」

☐ **generate**「～を発生させる、生み出す」

☐ **eliminate**「～を消す」

☐ **spray A onto B**「AにBを吹きかける」

☐ **protein**「タンパク質」

☐ **object**「対象物」

☐ **obstacle**「障害」

☐ **interact with ～**「～と情報を伝え合う」

☐ **form**「～を形成する」

☐ **replicate**「～を複製する」

☐ **oxygen**「酸素」

150

patient's own cells or from artificially generated ones, however, has the potential to eliminate these problems.「しかし、患者自身の細胞、あるいは人工的に生み出された細胞のどちらかから作られた臓器を製造するための3Dプリンターを使用することで、こういった問題が解消される可能性がある」から、3Dプリンターは問題を解決する可能性があることがわかります。「問題」とは同段落3文目の「提供を受けた人は移植された臓器がその人の体内で生き続けられるように薬を飲まなければいけない」を指しているので、**1**「患者の免疫システムが新しい組織を拒絶するのを防ぐ薬を飲まなくても、患者が新しい臓器を受け入れることを可能にする。」が正解です。
2は医者が新しい種類の細胞を作れるようにしたという記述はないので不正解。**3**は損傷した臓器を修復するのに役に立つわけではないので不正解。**4** 組織の構造を変えることは述べられていないので不正解。

(3)-B

解答 3

設問と選択肢の訳

3Dプリンターを使って臓器を作ることに関する1つの問題は何ですか。

1 患者自身の細胞と人工的に生み出された細胞が同時に用いられると、医療用3Dプリンターは層を積み重ねてものを構築することができない。
2 プリンターが作成する土台は臓器に血液を運ぶ血管のすべてを支えられるほど強くはない。
3 科学者たちは、細胞が臓器を形成するときに自らを組織するために使うプロセスをまだ完全には理解できていない。
4 臓器の層は異なる速さで成長するため、臓器全体をプリントできるプリンターを設計するのは難しい。

解説 第2段落2文目a major obstacle to creating entire organs remains: the mechanisms by which cells interact with one another to form the complex structures in organs require more research before they can be replicated.「臓器全体を作り出すのに大きな障害が残っている。臓器が複製できるようになる前に、臓器内の複雑な構造を形成するために細胞同士が相互作用するメカニズムをさらに研究する必要がある」から、複製される前にさらなる研究が必要であり、つまり、科学者本人もまだ完全にメカニズムを理解していないということなので、**3**「科学者たちは、細胞が臓器を形成するときに自らを組織するために使うプロセスをまだ完全には理解できていない。」が正解です。require more researchをScientists have not yet been able to fully understandに、the mechanisms by which cells interact with one another to form the complex structures in organsをthe processes cells use to organize themselves when they form organsに言い換えています。
1は3Dプリンターを使うと層ごとに組織を作ることができるので不正解。**2**は土台の強さに関する記述はないので不正解。**4**は臓器の層の成長速度に関する記述はないので不正解。

(3)-C

解答 2

設問と選択肢の訳

なぜ、3Dプリントのプロセスでプルロニック・インクは役立つのですか。

1 3Dプリントされた組織に加えると、研究者が、その組織のどの部位がより多くの栄養素を必要としているかを知るのに役立つ。
2 3Dプリントされた組織を周りに構築できる組織を作るのに使えば、それを簡単に取り除くことができる。
3 3Dプリントされた組織内のすべての種類の細胞に栄養素を供給するために流れて行ける。
4 変わった特性のために、3Dプリントされた組織を凍らせて安全に保管できるようにする。

解説 第3段落5文目Lewis then lowers the temperature so that the Pluronic ink becomes a liquid, which can then simply be sucked out.「ルイスはそれから、プルロニック・インクが液体になるように温度を下げる。そうすることでそれは簡単に吸い出すことができる」から、プルロニック・インクはほかのインクと違って温度を下げると液体になり、取り出せるので、正解は**2**「3Dプリントされた組織を周りに構築できる組織を作るのに使えば、それを簡単に取り除く

---

vocabulary

- **nutrients**「（通例複数形）栄養素」
- **blood vessel**「血管」
- **reproduce**「～を再製する」
- **hollow**「空洞の」
- **flow through ～**「～の中を流れる」
- **delicate**「繊細な」
- **re-create**「～を複製する」
- **gel**「ゲル」
- **Pluronic ink**「プルロニック（プルロニック系界面活性剤）・インク」
- **harden**「硬くなる」
- **solid**「固体」
- **liquid**「液体」
- **suck out ～**「～を吸引する」
- **inject A into B**「AをBに注入する」
- **carry A into B**「AをBに運ぶ」
- **represent**「～に相当する」
- **public demonstration**「公開実演」
- **functional**「機能している」
- **cause A to do**「Aが～することを引き起こす」
- **favorable**「好意的な」
- **publicity**「宣伝」
- **fund**「資金提供する」

151

ことができる」です。

1 はプルロニック・インクを加えても、栄養が必要な箇所の特定はできないので不正解。**3** はプルロニック・インクがすべての種類の細胞に流れていくという記述はないので不正解。**4** は3Dプリントされた組織を凍らせるという記述はないので不正解。

(3)−D

解 答 **1**

設問と選択肢の訳

ジェニファー・ルイスは、3Dプリントの研究を世間に発表することについてどんな主張をしていますか。

1 研究への関心を高めるための大げさな主張は、人々がその分野にネガティブなイメージをもつ結果となりうる。

2 人工臓器はとても複雑で理解するのが難しいため、その機能についてもっと簡単な説明が必要とされる。

3 研究者たちはその研究がどれくらい大切かを人々が自分で理解できるよう、臓器の3Dプリントの実演を行わなければならない。

4 研究者たちは、人は3Dプリントから主に生物ではないものを連想するので、その医学的な可能性を疑っていることを覚えていなければならない。

解 説 第4段落5文目Although researchers need favorable publicity and funding to support their efforts, Lewis says exaggerated claims could actually have the opposite effect in the long run.「研究者たちは、自分たちの取り組みを支えるために好意的な評判や資金を必要としているが、長い目で見ると大げさな主張は実際には逆効果をもたらしうるとルイスは述べている」から、研究者は好意的な評判を欲するが、誇張されたものは結局逆効果になると考えていることがわかります。よって、ルイスは誇張して人々を間違った方向へ行かせるのではなく、きちんとした情報を伝えていくべきだと考えているので、正解は **1**「研究への関心を高めるための大げさな主張は、人々がその分野にネガティブなイメージをもつ結果となりうる」です。have the opposite effectがresult in people having a negative image of the field に言い換えられています。

2 は簡潔な説明が必要とは思っておらず、真実の情報が必要だと考えているので不正解。**3** は研究がいかに大切かを人々が知る必要があるとは述べられていないので不正解。**4** は人々が生きていない物を連想するという記述はないので不正解。

152

The Zoot Suit Riots

During the late 1930s and early 1940s, a fashion trend in the United States caused such controversy that it led to violence and rioting. The zoot suit—an oversized and colorful suit, accompanied by a long keychain and fedora-style hat — was initially worn by young African-Americans, and was subsequently adopted by second-generation Mexican-Americans known as *pachucos*. According to Mexican writer Octavio Paz, the pachucos adopted the zoot suit out of a desire to distance themselves from mainstream America, which they felt had rejected them. It not only gave them a distinct identity but also signified their rebelliousness. Instead of trying to fit in, as their parents had, the pachucos sought to stand out, both in their choice of clothing and in the way they behaved. As the pachucos' opposition to authority sometimes crossed the line into minor crimes and drug use, the zoot suit began to be associated with criminal behavior. This in turn strengthened the antiestablishment status of those who wore it, increasing the zoot suit's popularity to the point where working-class white men and even teenage girls began to adopt it.

US involvement in World War II led to a fabric shortage, and the government introduced tailoring restrictions that effectively outlawed the manufacture of zoot suits. Demand remained strong, however, and underground tailors continued production. In the eyes of the public and the authorities, zoot suits became not only morally and socially questionable but also unpatriotic, as wearing them represented a refusal to obey laws that were meant to help the United States win the war. Matters came to a head in Los Angeles in 1943, when tensions between uniformed military servicemen and gangs of zoot-suit-wearing pachucos exploded into violence. During weeks of rioting that spread to other cities, zoot suit wearers were routinely hunted down and attacked by servicemen, who forcibly removed the offending suits and often beat the wearers.

The pachucos, unsurprisingly, fought back, and it was their part in the violence that was emphasized in the press. Newspapers described their beating and stripping by soldiers as fair punishment for their rebellious behavior, and failed to report the arrests of servicemen. Reporters also largely ignored the number of women and white men among those wearing zoot suits, implying zoot suit wearers were either Mexican-American or African-American males trying to avoid military service.

Little attempt was made to look into the circumstances behind the riots, and both the low economic status of the minority youths and the fact that they were viewed by many as second-class citizens were overlooked as causes. While the social, economic, and racial elements of the riots are now widely accepted, few Americans at the time were ready to acknowledge them. The zoot suit may have been as much a fashion as a political statement, but there is no denying the significant effect the zoot suit riots had on the attitudes of an entire generation of socially disadvantaged youths. The political awareness and discontent caused by the conflict helped make possible the activism of minorities in the civil rights movement of the 1960s, which eventually led to greater equality and opportunity for all.

(A)

According to Octavio Paz, the reason *pachucos* adopted the zoot suit was that it

1 helped the mainstream population accept them in spite of their reputation for committing illegal acts.

2 demonstrated that they were unwilling to adopt conventional standards of American culture.

3 enabled them to identify with the working-class white people who were also rebelling against the mainstream.

4 expressed the negative feelings they felt toward their parents for failing to help them become accepted in American society.

(B)

What is true of the zoot suit after the United States entered World War II?

1 The government encouraged servicemen to use force against companies that manufactured zoot suits.

2 The zoot suit came to be seen as an indication that the individual wearing it did not support the war effort.

3 People who continued to wear zoot suits did so mainly to express their belief that Mexican-Americans should refuse to serve in the military.

4 A fabric shortage led to changes in the design of the zoot suit, which made it even more offensive to servicemen and other groups.

(C)

One example of bias in the media coverage of the zoot suit riots was that the newspapers

1 claimed the pachucos deserved to be punished even more severely for their activities than they had been.

2 made an effort to convince authorities not to arrest servicemen who were participating in fights with the pachucos.

3 criticized zoot suit wearers because their fashion was based on clothes traditionally worn by members of the lower classes.

4 disregarded the fact that not everyone who wore zoot suits was an African-American or Mexican-American male.

(D)

Which of the following statements best describes the American public's reaction at the time of the riots?

1 Most people failed to link the riots to the disadvantaged backgrounds of minority youths and their unequal status in society.

2 People on both sides of the riots chose to give the zoot suit a political significance which it did not, in reality, possess.

3 The riots were widely regarded as arising from anger over treatment of minority groups in the United States.

4 The riots were thought to be occurring because disadvantaged youths lacked the political awareness necessary to change their situation peacefully.

(2018年度第1回)

(4) 日本語訳　　　　　　　　　　　ズート・スーツの暴動

　　1930年代の終わりから1940年代の初めにかけて、アメリカのあるファッションの流行が、暴力と暴動につながるほどの議論を引き起こしました。ズート・スーツとは、長いキーチェーンとフェルト製の縁ありの帽子とを合わせて身に着ける、だぶだぶでカラフルな色のスーツで、最初は若いアフリカ系アメリカ人が着用し、続いて、「パチューコ」として知られる第2世代のメキシコ系アメリカ人に取り入れられました。メキシコ人作家のオクタビオ・パスによれば、パチューコは、自分たちを拒絶していると感じたアメリカの主流派から距離を置きたいという願いからズート・スーツを取り入れました。ズート・スーツは彼らに明確なアイデンティティを与えただけでなく、彼らの反抗心も示していました。彼らの親たちがしたように調和しようと努力するのではなく、洋服選びでも立ち居振る舞いでも、パチューコたちは際立とうと努めました。パチューコの権威への反抗は時折一線を越えて軽犯罪や薬物使用になったため、ズート・スーツは犯罪行為と結びつけて考えられ始めました。これが今度は、ズート・スーツを着る人々の反体制的な地位を強め、そのスーツの人気は、白人の男性労働者やティーンエイジャーの女の子たちさえもがそれを取り入れるまでになりました。

　　アメリカの第二次世界大戦への参戦により布の不足が生じ、政府はズート・スーツの製造を事実上禁止する仕立て規制を導入しました。しかし、需要がまだ高く、非合法の仕立て業者が製造を続けました。社会や当局の目には、ズート・スーツは倫理的そして社会的にいかがわしいだけではなく、非愛国精神に満ちたものになりました。それを着用することは、アメリカが戦争に勝つことの後押しを意図した法律に従うことへの拒否を表したからです。1943年、事態はロサンゼルスで頂点に達し、制服を着た軍人とズート・スーツを身につけたパチューコの集団との間で、緊張が暴力行為へと急転しました。他の都市へと暴動が広がっていく数週間の間、ズート・スーツ着用者たちは軍人にいつも捕まえられ、襲われ、軍人たちは違法のズート・スーツを無理矢理脱がせ、しばしばそれを着た者をなぐりました。

　　パチューコたちは当然反撃しましたが、報道で強調されたのは彼らが暴力行為にかかわったことでした。新聞は彼らの反抗的な態度に対する当然の罰として、兵士たちによる殴打や服の剥ぎ取りについて書き立て、軍人が逮捕されていることを報道するのを怠りました。記者たちはまた、ズート・スーツ着用者の中にいる多くの女性や白人男性の数をほぼ無視し、ズート・スーツ着用者たちは、兵役を拒否しようとしているメキシコ系アメリカ人かアフリカ系アメリカ人の男性であることをほのめかしました。

　　暴動の背景事情を調査する試みはほとんど行われず、マイノリティの若者たちの低い経済的な立場と、彼らが多くの人から二流市民と見られているという事実の両方が、要因として見落とされていました。この暴動の社会的、経済的、そして人種的要因は、今では多くの人に理解されている一方で、当時のアメリカ人はほとんど、それらを進んで認めようとはしませんでした。ズート・スーツは政治的な申し立てであったのと同様に、ファッションであったのかもしれませんが、ズート・スーツの暴動が、社会的に恵まれない若者世代全体の考え方に与えた重大な影響を否定することはできません。この対立から生じた政治的な意識と不満は、1960年代の公民権運動におけるマイノリティの行動主義を可能にすることに寄与し、そのことは最終的に、すべての人々のための、より広範囲の平等と機会均等へとつながりました。

(4)-A

解答 **2**

設問と選択肢の訳

オクタビオ・パスによると、パチューコたちがズート・スーツを取り入れた理由は、それが、

1　違法行為を犯すという評判があっても、社会の主流の人たちがパチューコを受け入れるのに役立ったから。
2　パチューコがアメリカ文化の伝統的な規範を受け入れる意思がないことを示したから。
3　パチューコたちに、同じように主流に反抗している白人の労働階級と共感させることができたから。

vocabulary

- zoot suit「ズート・スーツ」
- riot「暴動」
- oversized「だぶだぶな」
- accompany「～を伴う」
- initially「最初に」
- subsequently「その後に」
- second-generation「2世の、第2世代の」
- Mexican-American「メキシコ系アメリカ人」
- pachuco「パチューコ」
- desire「願望」
- mainstream「主流」
- distinct「明白な、はっきりとした」
- signify「～を意味する」
- rebelliousness「反抗(心)」
- fit in「うまく合わせる」
- stand out「目立つ」
- opposition to ～「～への反対」
- authority「権力、当局」
- cross the line into ～「一線を越えて～に入る」
- minor crime「軽犯罪」
- *be* associated with ～「～に関連(関係)する」
- criminal「犯罪の」
- in turn「今度は」
- strengthen「～を強める」
- antiestablishment「反体制の」
- status「地位」
- working-class「労働者階級の」
- involvement「関与」
- fabric「布、生地」
- shortage「不足」
- tailoring「洋服仕立て業」
- outlaw「～を禁止する」

4 パチューコがアメリカ社会に受け入れられるよう手助けをしなかった彼らの親たちに対して感じるネガティブな気持ちを表したから。

解説 第1段落3文目 According to Mexican writer Octavio Paz, the pachucos adopted the zoot suit out of a desire to distance themselves from mainstream America, which they felt had rejected them.「メキシコ人作家のオクタビオ・パスによれば、パチューコは、自分たちを拒絶していると感じたアメリカの主流派から距離を置きたいという願いからズート・スーツを取り入れた」と、4文目 It not only gave them a distinct identity but also signified their rebelliousness.「ズート・スーツは彼らに明確なアイデンティティを与えただけでなく、彼らの反抗心も示していた」から、差別をしてきたアメリカへの反抗を表していることがわかるので、正解は **2**「パチューコがアメリカ文化の伝統的な規範を受け入れる意思がないことを示したから」です。mainstream America が conventional standards of American culture に言い換えられています。

1 はアメリカ社会の主流の人たちはパチューコを受け入れることは望んでいなかったので不正解。**3** は労働階級の白人男性と共感することが理由ではないので不正解。**4** は親たちへのネガティブな感情に関する記述はないので不正解。

(4)–B

解答 2

設問と選択肢の訳

アメリカが第二次世界大戦に参戦した後のズート・スーツについて、正しいのはどれですか。

1 政府は軍人たちに、ズート・スーツを製造している会社に武力を行使するよう促した。

2 ズート・スーツは、それを着ている人が戦争遂行への努力を支援しないことを示すものと見られるようになった。

3 ズート・スーツを着続けた人は主に、メキシコ系アメリカ人は兵役を拒否すべきだという信条を表明するためにそうしていた。

4 布の不足がズート・スーツのデザインの変化につながり、そのことがそのスーツを、軍人や他の集団に対してさらに攻撃的なものにした。

解説 第2段落3文目 In the eyes of the public and the authorities, zoot suits became not only morally and socially questionable but also unpatriotic, as wearing them represented a refusal to obey laws that were meant to help the United States win the war.「社会や当局の目には、ズート・スーツは倫理的そして社会的にいかがわしいだけではなく、非愛国精神に満ちたものになった。それを着用することは、アメリカが戦争に勝つことの後押しを意図した法律に従うことへの拒否を表したからだ」から、戦時中のアメリカを助けるよう作られた法律の順守をズート・スーツを着ていることで拒否していると見られていたことがわかるので、正解は **2**「ズート・スーツは、それを着ている人が戦争遂行への努力を支援しないことを示すものと見られるようになった」です。

1 は軍人と争っているのはズート・スーツを着ている人であり、作っている人ではないので不正解。**3** はメキシコ系アメリカ人は兵役を拒否すべきだとは書かれていないので不正解。**4** はズート・スーツのデザイン変更についての記述はないので不正解。

(4)–C

解答 4

設問と選択肢の訳

ズート・スーツの暴動についてのメディア報道における偏見の一例は、新聞社が、

1 パチューコたちは、彼らが取ってきた行動に対しもっと厳しく罰せられるに値すると主張したことである。

2 パチューコとの戦いに参加した軍人を逮捕しないよう当局を説得する努力をしたことである。

3 ズート・スーツ着用者たちのファッションが、低い階層の人たちが伝統的に着ていた服をベースにしていることで、着用者を非難したことである。

4 ズート・スーツを着ていたのは、すべてアフリカ系アメリカ人やメキシコ系アメリカ人の男性というわけではないという事実を無視したことである。

---

vocabulary

□ **tailor**「仕立て屋」

□ **morally**「倫理的に」

□ **questionable**「いかがわしい」

□ **unpatriotic**「非愛国精神的な」

□ **come to a head**「頂点に達する」

□ **uniformed**「制服を着た」

□ **serviceman**「兵士」

□ **explode into ～**「～の事態に発展する」

□ **routinely**「いつも決まって」

□ **hunt down ～**「～を追跡して捕まえる」

□ **forcibly**「無理矢理に」

□ **remove**「～を取り除く、～を脱がす」

□ **offending**「反抗的な」

□ **unsurprisingly**「当然」

□ **press**「報道」

□ **strip**「～を丸裸にする」

□ **punishment**「罰」

□ **rebellious**「反抗的な」

□ **low economic status**「低所得者層」

□ **second-class citizen**「二流市民」

□ **there is no** *doing*「～できない」

□ **awareness**「意識」

□ **discontent**「不満」

□ **activism**「（政治運動での）行動主義」

□ **civil rights movement**「公民権運動」

□ **reputation**「評判」

□ **illegal acts**「犯罪行為」

□ **conventional**「従来の」

□ **standard**「基準」

□ **rebel against ～**「～に反抗する」

□ **offensive**「攻撃的な」

解説 第3段落3文目 Reporters also largely ignored the number of women and white men among those wearing zoot suits, implying zoot suit wearers were either Mexican-American or African-American males trying to avoid military service.「記者たちはまた、ズート・スーツ着用者の中にいる多くの女性や白人男性の数をほぼ無視し、ズート・スーツ着用者たちは、兵役を拒否しようとしているメキシコ系アメリカ人かアフリカ系アメリカ人の男性であることをほのめかした」から、ズート・スーツを着ている女性と白人を報道せずにメキシコ系アメリカ人かアフリカ系アメリカ人があたかもズート・スーツを着ているように報道しているので、正解は **4**「ズート・スーツを着ていたのは、すべてアフリカ系アメリカ人やメキシコ系アメリカ人の男性というわけではないという事実を無視したことである」です。ignored が disregarded に言い換えられています。

1 はもっと厳しく罰せられるべきという記述はないので不正解。**2** は軍人を逮捕しないように当局を説得したという記述はないので不正解。**3** は低い階級の人によって着られている服の話は出ていないので不正解。

(4)-D
解答 1

設問と選択肢の訳
次のどの文が、暴動当時のアメリカの大衆の反応を最もよく表していますか。

1 たいていの人々はその暴動を、マイノリティの若者の恵まれない生い立ちや社会における不平等な地位と関連付けることを怠った。
2 暴動のどちらの側の人々も、ズート・スーツが実際には持っていなかった政治的な重要性をそのスーツに与えることにした。
3 暴動はアメリカにおけるマイノリティグループの処遇に対する怒りから生じていると広く考えられた。
4 暴動は、恵まれない若者たちの状況を平和的に変えるのに必要な政治的意識が彼らに欠けているから起きていると考えられた。

解説 第4段落1文目 Little attempt was made to look into the circumstances behind the riots, and both the low economic status of the minority youths and the fact that they were viewed by many as second-class citizens were overlooked as causes.「暴動の背景事情を調査する試みはほとんど行われず、マイノリティの若者たちの低い経済的な立場と、彼らが多くの人から二流市民と見られているという事実の両方が、要因として見落とされた」から、状況をしっかり調査することは行われておらず、経済状況の低い若者や第二階級市民として見られているものが暴動の原因として、当時は認識されていなかったことがわかるので、正解は **1**「たいていの人々はその暴動を、マイノリティの若者の恵まれない生い立ちや社会における不平等な地位と関連付けることを怠った」です。were overlooked が failed to link に言い換えられています。

2 はズート・スーツに政治的な重要性がなかったという記述はないので不正解。**3** は第4段落2文目「この暴動の社会的、経済的、そして人種的要因は、今では多くの人に理解されている一方で、当時のアメリカ人はほとんど、それらを進んで認めようとはしなかった」から、不正解だとわかります。**4** は平和的に解決しようとする意識についての記述はないので不正解。

---

vocabulary

- bias「偏見」
- coverage「報道」
- severely「厳しく」
- convince「〜を納得させる」

☐ (5)

Is It Time for Universal Basic Income?

In 1516, Sir Thomas More wrote *Utopia*, a novel about the political and social systems of an imaginary ideal nation. More addressed the issue of poverty by having one of the main characters exclaim, "No penalty on earth will stop people from stealing, if it's their only way of getting food.... It would be far more to the point to provide everyone with some means of livelihood." Over 500 years later, income inequality and economic insecurity are still major problems, having become deep-rooted consequences of modern capitalism. This situation has inspired some economists and political strategists to look to More's *Utopia* for guidance.

Universal basic income (UBI), the idea of providing everyone in society with a minimum income that would cover basic needs, regardless of employment status or living circumstances, is being tested around the world. Supporters argue this approach could eliminate poverty in society. UBI would provide money for things like food, shelter, and clothing, and, in the process, reduce stress on economies by increasing individuals' buying power. Malnutrition and homelessness—two of the worst and most widespread effects of poverty—would also drop. Research has shown well-nourished children perform better in school and have fewer behavioral problems, and students are better able to make consistent academic progress when they have stable living circumstances. Supporters also note that adults who do not need to work multiple jobs to make ends meet can focus on such things as starting their own business or learning new skills to increase employment opportunities.

Critics of UBI argue that recipients would quit their job because there would be less incentive to work, and that they would spend their "free money" not on basic necessities but on vices such as drinking and gambling. Other criticisms of UBI are that it would encourage employers to decrease wages, that it would take government money away from essential social programs, including food assistance, and that the cost would simply be too high for governments to manage. Indeed, experts estimate countries could need to spend up to 35 percent of their gross domestic product to cover UBI for all their citizens. However, supporters insist that, because UBI would decrease the need for other social programs, government spending on healthcare, food assistance, and unemployment would fall.

Countries and cities around the world are experimenting with various small-scale versions of UBI. In a 12-year UBI trial in Kenya, all adults in some rural communities began receiving $22 every month from an aid organization. Initial findings show the majority of UBI recipients in Kenya invested this income in small businesses, children's school fees, medicine, and necessities. Very few spent the money on dead-end pursuits such as drinking and gambling; in fact, most reduced their spending on such things, and explained that the prospect of having a brighter future encouraged them to be more responsible. Research also shows that, since the experiment began, people have been working more and making investments to increase their wealth. Although the results are encouraging, even proponents of UBI agree further study is necessary to determine how practical the idea would be on a broader scale.

(A)
According to the author of the passage, why have some economists and political strategists found Sir Thomas More's novel *Utopia* useful?
1 Nations today can benefit by studying how the social policies described in the novel harmed the imaginary nation's economy.
2 More's view about how the degree of punishment should match the seriousness of the crime is relevant to modern society.
3 Many modern social welfare policies are actually based on the ideas that were explained in it.
4 More's idea of addressing poverty by giving people a way to meet their most essential needs may be helpful in today's world.

(B)
What claim do some people make in support of universal basic income?
1 The fact that poverty is declining rapidly means that providing UBI will cost less than it did in the past.
2 Increasing funding for education is the first step governments should take to help citizens find better-paying employment.
3 Improving the living standards of individuals would ultimately have large-scale beneficial effects on society as a whole.
4 Solving the problem of homelessness is the most important issue for developed countries to address if they hope to end poverty.

(C)
One argument made against UBI is that
1 the financial cost of addressing the rise in alcohol abuse and gambling resulting from UBI would cancel out the economic benefits.
2 in order to pay for it, government spending on important social services would have to be reduced.
3 raising the income of certain people while not giving financial assistance to others would worsen existing divisions in society.
4 it would increase competition in certain areas of the job market and therefore have a harmful effect on the poor.

(D)
What was observed in the UBI experiment in Kenya?
1 The beneficial effects of the program were limited to people who had the most serious drinking or gambling habits.
2 Many recipients lost money because of bad investments, though a few seem likely to profit from the program in the long term.
3 Aid workers praised the program, though they expressed concern that it would result in an increase in the prices of some basic necessities.
4 The overall spending habits of those who received funds are evidence that people are unlikely to waste the money they receive.

(2019年度第2回)

(5) **日本語訳**

「最低所得保障」の出番？

　1516年、トマス・モア卿は、架空の理想国家の政治や社会の仕組みに関する小説、『ユートピア』を著しました。モアは主要な登場人物たちの1人に「盗むことが食べ物を得る唯一の手段であるならば、盗むのをやめさせる処罰などこの世にはない…。すべての人に生計を立てる手段を提供することがはるかに重要である」と叫ばせることによって、貧困問題に取り組みました。500年以上がたち、所得の不平等と経済的な不安定さは今なお重要な問題で、現代の資本主義に深く根付いた帰結になっています。この状況は何人かの経済学者や政治的戦略家らに刺激を与え、手引きとしてモアの『ユートピア』について考えるようになっています。

　「最低所得保障（UBI）」とは、雇用状況や生活環境にかかわらず、必需品を買うのに十分な最低限の所得を社会のすべての人に提供するという考え方で、世界中で実験が行われています。これを支持する人たちは、この取り組みが社会の貧困をなくせるかもしれないと主張します。UBIは衣食住に関するものを買うお金を提供しながら、その過程で個人の購買力を伸ばすことで経済への圧迫を減らそうとするものです。栄養失調とホームレス化という、最もひどく最も蔓延している貧困の影響も減るでしょう。栄養が十分に行き届いた子どもたちは学校でより良い成績を残し、問題行動はほとんどなくなり、また、安定した生活環境があると学生たちはよりよく、継続的に学業を向上させられることを示す研究があります。支持者たちはまた、生活をやりくりするために複数の仕事を掛け持ちする必要がない大人たちは、自分自身の会社を立ち上げたり、雇用機会を増やすための新しいスキルを身につけたりといったことに集中できると述べています。

　UBIに批判的な人たちは、お金をもらった人は仕事をするためのモチベーションが下がるので仕事を辞めるだろうと主張したり、「自由なお金」を必需品ではなく、飲酒やギャンブルなどの良くないことに使うと主張したりします。UBIへのそのほかの批判は、UBIは雇用者に賃金を減らすよう仕向けることや、食糧支援を含めた重要な社会的取り組みから政府の資金を奪うこと、そして、政府が運営するのには費用があまりにもかかり過ぎるといったことです。実際に専門家たちは、全国民のためにUBIをまかなうために、国は国内総生産の最大35％を費やす必要があるかもしれないと予測しています。けれども支持者たちは、UBIはほかの社会的な取り組みの必要性を減らすので、医療や食糧支援、失業に対する政府の支出は減るだろうと主張しています。

　世界中の国や都市がさまざまな小規模のUBIを試みています。ケニアの12年にわたるUBI実験では、いくつかの地方のコミュニティーのすべての大人が毎月22ドルを支援組織から受け取り始めていました。最初の調査結果は、ケニアのUBI受領者の大部分が、この所得を中小企業、子どもの学費や医療、そして、必需品に投資したことを示しています。酒やギャンブルのような将来性のない欲求へお金を費やす人はほとんどいませんでした。それどころか、たいていの人々はそのようなものへの支出を減らし、もっと明るい未来を手にすることへの期待が、より責任ある行動を取るように仕向けたと説明しました。研究はまた、この実験が始まって以来、人々はより働くようになっており、彼らの富を増やすように投資をしていることを示しています。その成果は有望なものですが、UBIの提唱者でさえ、UBIというアイディアがより広い範囲でどれだけ有効かを見極めるため、さらなる研究が必要であることに同意しています。

(5)‒A

解答 **4**

設問と選択肢の訳

　この文章の筆者によれば、何人かの経済学者や政治戦略家たちはなぜ、トマス・モア卿の小説『ユートピア』が役立つと思いましたか。

1　小説の中で描かれた社会政策が、架空の国家の経済にいかに損害を与えたかを研究することが、今日の国家のためになるから。
2　処罰のレベルが犯罪の深刻さとどれほど見合うかについてのモアの見解は、現代社会でも意味があるから。
3　多くの現代の社会福祉政策は、実際のところ、その中で述べられている考え方に基づいているから。
4　人々が最も必要とするものを買う方法を与えることによって貧困に対処する

---

vocabulary

□ **Sir** 〜「〜卿」

□ **Thomas More**「トマス・モア。15〜16世紀の法律家、思想家。ヘンリー8世により処刑」

□ **imaginary**「架空の」

□ **address**「〜に取り組む」

□ **exclaim**「〜と叫ぶ」

□ **stop A (from) doing**「Aが〜するのをやめさせる（妨げる）」

□ **livelihood**「生活、生計」

□ **income inequality**「所得不均等」

□ **economic insecurity**「経済不安」

□ **deep-rooted**「深く根付いた」

□ **consequence**「結果、成り行き」

□ **capitalism**「資本主義」

□ **inspire A to do**「Aを刺激して〜させる」

□ **political strategist**「政治戦略家」

□ **guidance**「手引き」

□ **cover**「〜をまかなう」

□ **basic needs**「必需品」

□ **regardless of** 〜「〜にかかわらず」

□ **employment status**「雇用形態」

□ **living circumstances**「生活環境」

というモアの考え方は、今日の世界において有用かもしれないから。

解説 経済学者や政治戦略家がモアの『ユートピア』が役に立つとわかった理由を述べる問題。第1段落5文目This situation has inspired some economists and political strategists to look to More's *Utopia* for guidance.「この状況は何人かの経済学者や政治戦略家らに刺激を与え、手引きとしてモアの『ユートピア』について考えるようになっている」とあり、経済学者たちを奮起させた理由はThis situation（この状況）とあるので、前文を確認します。4文目Over 500 years later, income inequality and economic insecurity are still major problems, having become deep-rooted consequences of modern capitalism.「500年以上がたち、所得の不平等と経済的な不安定さは今なお重要な問題で、現代の資本主義に深く根付いた帰結になっている」とあります。収入の不平等や経済の不安定は昔と変わらず問題となっていることが現在の状況だとわかり、昔も今も貧困に関する問題はあり、それへの対応の仕方のヒントが『ユートピア』にあると経済学者たちは考えたので、『ユートピア』を参考にしようとしたことがわかります。そして実際に『ユートピア』で書かれていた対策は同段落2文目…It would be far more to the point to provide everyone with some means of livelihood.「すべての人に生計を立てる手段を提供することがはるかに重要である」とあるように、生活に必要なものを手に入れる手段を与えていることなので、正解は **4** More's idea of addressing poverty by giving people a way to meet their most essential needs may be helpful in today's world.「人々が最も必要とするものを買う方法を与えることによって貧困に対処するというモアの考え方は、今日の世界において有用かもしれないから」です。provideがgivingに、some means of livelihoodがessential needsに言い換えられています。
1 は社会政策が想像上の国の政策に害を与えるという記述はないので不正解。
2 は罰の度合いの記述はないので不正解。
3 は現代の社会福祉政策の記述はないので不正解。

(5)–B

解答 3

設問と選択肢の訳
ある人たちは、最低所得保障を支持してどんな主張をしていますか。
1 貧困が急激に減っているという事実は、UBIの供給が、過去より少ない費用でできることを意味している。
2 教育の財源を増やすことは、国民がより給料の良い仕事を見つけることを促進するために、政府が真っ先にやるべきことである。
3 個々人の生活水準を上げることには結局、社会全体に幅広く有益な効果があるだろう。
4 ホームレス問題の解決は、先進国が貧困を終わらせたいのならば、彼らが対処すべき最重要課題である。

解説 UBIに賛成している人の意見を答える問題。賛成している人の意見は第2段落に書かれており、2文目Supporters argue this approach could eliminate poverty in society「これを支持する人たちは、この取り組みが社会の貧困をなくせるかもしれないと主張する」とあるように、UBIで貧困をなくせる可能性があることがわかります。また3文目UBI would provide money for things like food, shelter, and clothing, and in the process, reduce stress on economics by increasing individuals' buying power.「UBIは衣食住に関するものを買うお金を提供しながら、その過程で個人の購買力を伸ばすことで経済への圧迫を減らそうとするだろう」とあるように、UBIは食べ物や宿、洋服などの生活必需品のためのお金として、支給されています。また、4、5文目から、栄養失調やホームレスが減り、安定した生活環境の中にいる子どもの問題行動も減り、成績がよくなったという良い点もあるので、UBIが支給され、安定した生活を送ることができれば子どもも大人もメリットが多いので、正解は **3** Improving the living standards of individuals would immediately have largescale beneficial effects on society as a whole.「個々人の生活水準を上げることには結局、社会全体に幅広く有益な効果があるだろう」です。eliminate poverty in societyがhave largescale beneficial effects on societyに言い換えられています。
1 はUBIのコストの過去との比較は行われていないので不正解。
2 は教育資金の向上と、よい仕事を見つけることの関連は記述されていないの

---

vocabulary

☐ **eliminate**「〜をなくす」
☐ **individuals' buying power**「個人の購買力」
☐ **malnutrition**「栄養失調」
☐ **widespread**「広範囲に及ぶ」
☐ **well-nourished**「十分に栄養が行き届いた」
☐ **perform**「成績（成果）を上げる」
☐ **behavioral problem**「問題行動」
☐ **consistent**「継続的な」
☐ **multiple**「掛け持ちの、複数の」
☐ **make ends meet**「生活をやりくりする（収支を合わせる）」
☐ **recipient**「受領者」
☐ **incentive to** *do*「〜をする気」
☐ **basic necessities**「必需品」
☐ **vice**「悪行」
☐ **gross domestic product**「国内総生産（GDP）」
☐ **unemployment**「失業、失業率、失業者数」
☐ **small-scale**「小規模の」
☐ **rural**「田舎の」
☐ **aid organization**「支援組織」
☐ **initial**「初期の」
☐ **dead-end**「将来性のない」

で不正解。

4 はホームレスだけでなく、栄養失調も重要な問題なので不正解。

(5)–C

解答 2

設問と選択肢の訳

最低所得保障に反対する1つの反論は、

1 UBIの結果、アルコールの乱用やギャンブルをすることが増えたことに対処する財政的な費用は、経済的な利益を帳消しにするだろうということである。

2 UBIに支出するために、重要な社会的サービスに対する政府の出資を減らさなければならないだろうということである。

3 ある人に財政支援を行わずに別の人の所得を上げることは、社会の分断を悪化させるだろうということである。

4 UBIは労働市場のある領域の競争を高めるので、貧困層に悪影響をもたらすだろうということである。

解説 UBIに反対の意見を述べる問題。反対の意見は第3段落に書かれています。第3段落2文目Other criticisms of UBI are that it would encourage employers to decrease wages, that it would take government money away from essential social programs, including food assistance, and that the cost would simply be too high for governments to manage.「UBIに批判的な人たちは、お金をもらった人は仕事をするためのモチベーションが下がるので仕事を辞めるだろうと主張したり、「自由なお金」を必需品ではなく、飲酒やギャンブルなどの良くないことに使うと主張したりします。」とあるように、UBIによって雇用者が賃金を下げることや、UBIによって必要な社会サービス（食物援助など）に政府がお金を使わないようになること、UBIのための必要な費用が高すぎることなどの反対意見があると推測できます。よって、このことを表している**2** in order to pay for it, government spending on important social services would have to be reduced.「UBIに支出するために、重要な社会的サービスに対する政府の出資を減らさなければならないだろうということである」が正解。ここでは、social programがsocial serviceに言い換えられています。

1 はアルコール依存症の増加に関する記述はないので不正解。

3 は個々人の収入の差での比較はしていないので不正解。

4 はUBIが市場のある部門での競争を助長するという記述はないので不正解。

(5)–D

解答 4

設問と選択肢の訳

ケニアでのUBIの実験で何がわかりましたか。

1 その取り組みの有益な効果は、最も深刻な飲酒やギャンブルの習慣がある人に限られた。

2 少しの人たちは長期的にはその取り組みから利益を得そうに思えるが、多くの受領者は不適切な投資のためにお金を失った。

3 支援組織で働く人たちはその取り組みを称賛したが、生活必需品の価格が値上がりする結果になるだろうと懸念を表明した。

4 受領者の全般的なお金の使い方は、人々が受け取ったお金の無駄づかいはしそうにないことの証拠である。

解説 ケニアでのUBI実験の様子を答える問題。ケニアでの実験は第4段落に書かれています。第4段落2文目In a 12-year UBI trial in Kenya, all adults in some rural communities began receiving $22 every month from an aid organization「ケニアの12年にわたるUBI実験では、いくつかの地方のコミュニティーのすべての大人が毎月22ドルを支援組織から受け取り始めていました」とあり、実験ではすべての大人がお金を受けとっていることがわかります。3文目でInitial findings（最初の発見）とあるので、この後ろに実験結果が来ると予想します。そこには、the majority of UBI recipients in Kenya invested this income in small businesses, children's school fees, medicine, and necessities.「ケニアのUBI受領者の大部分がこの所得を中小企業、子どもの学費や医療、そして、必需品に投資した」とあり、ほとんどの人がきちんとお金を生活必需品に使っていることがわかります。また、4文目Very few spent the money on dead-end pursuits such as drinking and gambling「酒やギャンブ

---

vocabulary

☐ **prospect**「期待」

☐ **proponent**「提唱者」

☐ **seriousness**「重大さ」

☐ **be relevant to ～**「～に関連がある」

☐ **social welfare**「社会福祉」

☐ **funding**「資金」

☐ **take the first step to do**「～するための最初の手段を取る」

☐ **living standards**「生活水準」

☐ **as a whole**「全体として」

☐ **abuse**「乱用」

☐ **cancel out ～**「～を消す」

☐ **spending on ～**「～への費用」

☐ **worsen**「～を悪化させる」

☐ **competition**「競争力」

☐ **job market**「労働市場」

ルのような将来性のない欲求へお金を費やす人はほとんどいませんでした」とあり、ほとんどの人がお金をアルコールやギャンブルに使っていません。5文目「この実験が始まって以来、人々はより働くようになっており、彼らの富を増やすように投資をしている」とあり、より働き富を増やすために投資する人さえいます。よってケニアではほとんどの人がUBIを無駄遣いするのではなく、きちんと使っているといえるので、正解は **4** The overall spending habits of those who received funds are evidence that people are unlikely to waste the money they receive.「受領者の全般的なお金の使い方は、人々が受け取ったお金の無駄づかいはしそうにないことの証拠である」です。

1 は実験の効果が良かったのは、アルコールやギャンブル依存者だけではないので不正解。
2 は投資の失敗でお金を失うという記述はないので不正解。
3 は援助隊員がそのプログラムを褒めたという記述はないので不正解。

本文デザイン：株式会社ワーク・ワンダース
本文イラスト：松村茉莉（SIGMARI）
執筆協力：奥野信太郎、増田広樹
音声収録：（財）英語教育協議会（ELEC）
音声出演：Howard Colefield, Jennifer Okano

memo

武藤　一也（むとう　かずや）

東進ハイスクール・東進衛星予備校講師。英語の音読を管理するアプリ「音読メーター」開発者。英語問題作成所を運営。また、英語専門塾えいもん（群馬県高崎市）の代表を務める。英検１級、TOEIC990点満点、TOEIC S/W各200点満点。ケンブリッジCELTA（PASS A-合格者の上位約５％）取得。圧倒的に分かりやすく、面白い授業を展開。著書に『高校英文読解をひとつひとつわかりやすく。』がある。また、共著に『イチから鍛える英語長文シリーズ』『イチから鍛える英文法 入門編』『イチから鍛える英文法 必修編』『イチから鍛える英語リスニング 入門編』『イチから鍛える英語リスニング 必修編』（以上、学研プラス）など多数ある。

Twitter：@mutokazu55

森田　鉄也（もりた　てつや）

ただよび英語科チーフ、武田塾教務部英語課課長。河合塾講師。慶應義塾大学文学部英米文学専攻卒業、東京大学大学院人文社会系研究科言語学修士課程修了。アメリカ留学中に英語教授法TEFLを取得。CELTA取得。TOEIC990点満点（85回以上）、TOEICスピーキング・ライティングテスト各200点満点、英検１級、TOEFL660点、TEAP満点、GTEC CBT満点、ケンブリッジ英検CPE取得、日本語教育能力検定試験合格等の実績を誇る。

主な著書に『TOEIC TEST 単語特急 新形式対策』『TOEIC L&R TEST パート１・２特急 難化対策ドリル』（以上、朝日新聞出版）などがある。また、共著に『TOEIC TEST 模試特急 新形式対策』（朝日新聞出版）、『ミニ模試トリプル10 TOEIC® L&Rテスト』（スリーエーネットワーク）、『イチから鍛える英語リスニング 必修編』『イチから鍛える英語リスニング 入門編』（以上、学研プラス）など多数ある。

Twitter：@morite2toeic
YouTube：Morite2 English Channel
　　　　　（https://www.youtube.com/c/Morite2Channel/channels）

直前１カ月で受かる　英検準１級のワークブック

2020年９月26日　初版発行

著者／武藤 一也・森田 鉄也

発行者／青柳 昌行

発行／株式会社KADOKAWA
〒102-8177　東京都千代田区富士見2-13-3
電話 0570-002-301(ナビダイヤル)

印刷所／株式会社加藤文明社印刷所

本書の無断複製（コピー、スキャン、デジタル化等）並びに
無断複製物の譲渡及び配信は、著作権法上での例外を除き禁じられています。
また、本書を代行業者などの第三者に依頼して複製する行為は、
たとえ個人や家庭内での利用であっても一切認められておりません。

●お問い合わせ
https://www.kadokawa.co.jp/（「お問い合わせ」へお進みください）
※内容によっては、お答えできない場合があります。
※サポートは日本国内のみとさせていただきます。
※Japanese text only

定価はカバーに表示してあります。

©Kazuya Muto & Tetsuya Morita 2020　Printed in Japan
ISBN 978-4-04-604064-0　C0082